ベト・ドクと考える
世界平和

今あえて戦争と障がい者について

尾崎 望・藤本文朗 編著

新日本出版社

はじめに

この本はベトナム戦争について書かれたものです。かつてベトナムではアメリカを相手に、そしてベトナム人同士の間で血なまぐさい戦争が繰り広げられました。すでに四〇年以上も前に終わったはずのこの戦争の被害は、いまなお「続いて」います。戦争で使われた枯葉剤に含まれていたダイオキシンによるものです。この悲惨な爪痕は私たちに対して、戦争を起こしてはならないと警告してくれています。

しかし今の日本では安保関連法制が国会で承認され、憲法の精神を踏みにじって戦争する国へと一歩を踏み出してしまいました。ひとたび戦争になれば将来にわたって言いしれない被害を残し続けてしまうこと、そもそも戦争はどうやって始まるのか、そのことを第2章、第3章、第6章にまとめました。

一方ではベトナム戦争を教訓にして、平和な日本と世界をつくろうと努力している動きがあります。第1章は、ベトナム戦争の枯葉剤被害の象徴ともいわれる結合双生児の弟にあたるグエン・ドクさんが日本で行った講演録から始まります。その中でドクさんはみずからの生い立ちと日本の支援者への感謝、そして平和への思いを語ります。

第4章と第5章では、次の時代を担う子どもたちや青年を対象にして実践されている平和教育の理念と、ベトナム戦争を教材とした教育の事例が報告されます。「平和教育は社会の未来への希望である」ということばの中に、この本を出版した目的が込められています。

今も終わらない戦争の惨禍に目を向け、そのことを通じて平和への思いをさらに深めていただけると筆者一同うれしい限りです。

なお、本書出版にあたり丁寧なご助言をいただいた新日本出版社・角田真己氏に、心からの感謝を申し上げます。

目次

第1章

世界平和を実現するために

グエン・ドク

ベトナム戦争で撒布《さんぷ》された枯葉剤被害者の象徴として日本で紹介され、〝ベトちゃん・ドクちゃん〟の呼び名で有名になったグエン・ベトさんとグエン・ドクさん。兄ベトさんは二〇〇七年に他界するも、弟ドクさんは成人し、病院の事務員をしながらボランティアで慈善活動にも精を出しています。二〇〇九年には妻テュエンさんとの間に双子を授かりました。

ここに、ドクさんが日本での平和集会（大阪、中学生向け）の講師として二〇一四年に講演した演題「世界平和を実現するために」の内容を掲載します。

なお、この章については内本年昭氏（大阪府教員）にお世話になりました。

1　ベトナム戦争と枯葉剤

みなさん、こんにちは。私はグエン・ドクです。本日はこのような講演の機会を設けていただき、ありがとうございます。限られた時間ですが、みなさんにベトナムの

日本で講演するドクさん

こと、枯葉剤のこと、そして私のことについて話させていただきます。

まず、みなさんにベトナムのことについて話させてください。ベトナムは、日本と同じように中国文化の影響を強く受けながらも、独自の文化を築いて発展してきた国です。国土面積は日本の八七パーセントで、人口は約九二〇〇万人です。国民の八六パーセントはキン族で、他に五三の少数民族で構成されています。

ベトナムは中国やフランス、そして日本に支配されていた時代もありましたが、一九四六年から一九五四年の第一次インドシナ戦争によって、フランスを追い出しました。そして北緯一七度を境界線として、ホー・チ・ミン率いる、共産主義をめざす国家の北ベトナムと、資本主義国家の南ベトナムに分かれました。

一九六〇年からアメリカの介入が大きくなってきてベトナム戦争が始まりました。アメリカは、ソビエト、中国、北朝鮮、北ベトナムという共産主義をめざす国家の勢力がドミノ倒しのように世界中に広がっていくことを恐れていました。そういう政治的な面でアメリカはなんとしてもベトナム戦争に勝とうとしました。アメリカは、たくさんの戦闘機、戦車、武器を持っていました。そして、韓国、オーストラリア、ニュージーランド、タイ、フィリピンからも軍事的協力を得ました。

しかし、圧倒的な軍事力をもってしても、ホー・チ・ミン率いるベトナム民主共和国を支持するベトナム人たちをやっつけることはできませんでした。なかなか戦争を優位に進められないアメリカは、ナパーム弾などの火炎爆弾攻撃をしたり、枯葉剤を撒《ま》いて森の木々を枯らしたりしました。多くのベトナム人を、女性でも子どもでも老人でも残酷に殺していきました。捕虜となった人たちは、刑務所に入れられ、拷問にあいました。

ベトナムの女性や子どもも、アメリカ人から逃げるために必死の毎日を過ごしました。日本人カメラマンの沢田教一さんが撮影した「安全への逃避」という題名の写真には、銃弾から逃げて川を渡る母親と子どもの姿が写っています。この時のベトナム戦争の様子を伝える写真として、世界でもっとも有名な写真の一枚になりました。

アメリカがベトナムにしたもっとも残虐な人殺しの一つに、「ソンミ村虐殺事件」があります。罪のない女性や子どもがたくさん殺され、道端に放置されました。

また、ジャングルの木々を燃やすために、ナパーム弾が使用されました。ナパーム弾は九〇〇度から一三〇〇度という高温で燃え、水をかけても火は消えません。火を消すためには、ガソリン火災用の消火器を使わなくてはいけませんでした。

そして、一九六一年から一九七一年にかけて、アメリカはベトナムに枯葉剤を撒きました。枯葉剤の中でも特に毒性の強いダイオキシンが含まれたものは〝エージェント・オレンジ〟といわれていました。それは、ドラム缶にオレンジ色のラインが描かれていたからです。枯葉剤が撒かれると、ほぼ一週間で木はすべて枯れてしまいました。ただ、この当時は枯葉剤がどれだけ人間の体に有害であるかは、よく知られていませんでした。ですから、アメリカ兵や韓国兵の多くも、その毒性を知らずに、枯葉剤を自分の体に浴びていました。

　枯葉剤の恐ろしさは、日本人カメラマンの中村梧郎さんが、ベトナムの南にあるカマウ岬というところで撮影した写真によく現れています。彼が撮影した一九七六年は、枯葉剤を撒くのをやめてからすでに五年以上経っていますが、マングローブ林は枯れたままです。この写真は、ホーチミン市の戦争証跡博物館の壁面に大きく飾られています。

　枯葉剤が撒かれてから、皮膚の病気や癌《がん》をはじめ、精神疾患の人が増えました。また、枯葉剤を浴びた人の子どもに異常が認められるケースが出てきました。生まれてきた赤ちゃんに見られる異常の例を挙げますと、唇が裂けている、眼球がなくて目が見えない、知的障がい、指がくっついていて五本に分かれていない、体の一部が未発達、体が大きくならない、死産……などです。

2　私の生い立ち

私は、一九八一年二月二五日に、兄ベトと体がくっついた結合双生児として生まれました。私の両親は、中部高原のコントゥム省という、ベトナム戦争中に枯葉剤がたくさん撒《ま》かれた地域に住んでいました。枯葉剤が撒かれなくなって一〇年以上経っていましたが、私たちの体がくっついていた原因は、枯葉剤ではないかといわれています。

私のことは、障がい者教育が専門の藤本文朗先生によって日本に紹介されました。そして四歳のときには、日本の皆さんから車椅子をプレゼントしていただきました。日本の皆さんが私と兄のベトのことを助けようとしてくれたことは、ずっと感謝しています。

一九八八年、ホーチミン市のツーズー病院で、兄ベトと私の分離手術が行われまし

筆者（左から２人目）と枯葉剤被害者の仲間たち

た。七〇人の医者が一七時間かけて手術をしてくれました。この手術にあたっては、日本からたくさんの支援金と分離手術にあたってのアドバイスをいただきました。世界的に見ても例のない分離手術が成功したことについて、私は本当にたくさんの人に助けられたと感謝しています。

分離手術後の私は、学校にも通うようになりました。そして、コンピュータの専門学校を卒業して、ツーズー病院で働くようになりました。

病院では、事務の仕事をしながら、〝平和村〟の子どもたちの面倒を見ています。〝平和村〟には、枯葉剤被害者と思われる子どもがたくさん生活しています。そこに生活する子どもたちだけでなく、たくさんの困っている人たちを助けるために、ボランティア活動をしています。

二〇〇七年一〇月、兄ベトが亡くなりました。兄は長い間、私の家族として精神的に支えてくれました。また、分離手術の時には、一つしかない臓器を私に譲ってくれました。今の私が生きていられるのは、兄ベトがいたからです。

兄を失った悲しみは大きかったですが、私と妻テュエンは、二人の子どもを授かりました。予定日より三か月早く、二〇〇九年一〇月二五日に双子が誕生しました。私はこれまで日本に大変お世話になりましたし、日本のことが大好きなので、日本で有名な富士山と桜から子どもの名前をつけました。兄は、フーシー、妹は、アンダオ（ベトナムの言葉で「桜」の意味）といいます。

3　父として、ベトナムから平和を発信

二〇〇九年一一月二五日、双子が生まれてちょうど一か月の時に、初めて日本の中学校とテレビ会議で授業を行いました。私は、コンピュータを使うのが得意なので、インターネットを使った授業の方法はとても便利だと考えています。

その後、テレビ会議で交流した学校に行き、子どもたちと交流もしました。私は、親しく交流している日本の中学校の先生と一緒に、「いつも僕の中に」という歌を作詞しました。そこの中学校の生徒たちが全員で歌ってくれたことには、大変感動しました。「憎しみでなく　許すことで　手をとりあえる　そう信じて……」という歌詞があるのですが、そこは私が好きな部分です。

二〇一二年には、私の友人で歌手の、グエン・フィ・フンさんに「いつも僕の中に」をベトナム語にしてつくってもらいました。その年の六月にはミュージックビデ

オをつくりましたが、この撮影には、枯葉剤による障がい者と思われるダンさん、ガーさん、ガーさんの子どもなどが参加しましたし、困った人を助けるボランティアの若者もたくさん参加しました。ベトナム語版「いつも僕の中に」は、「Vì Một Thế

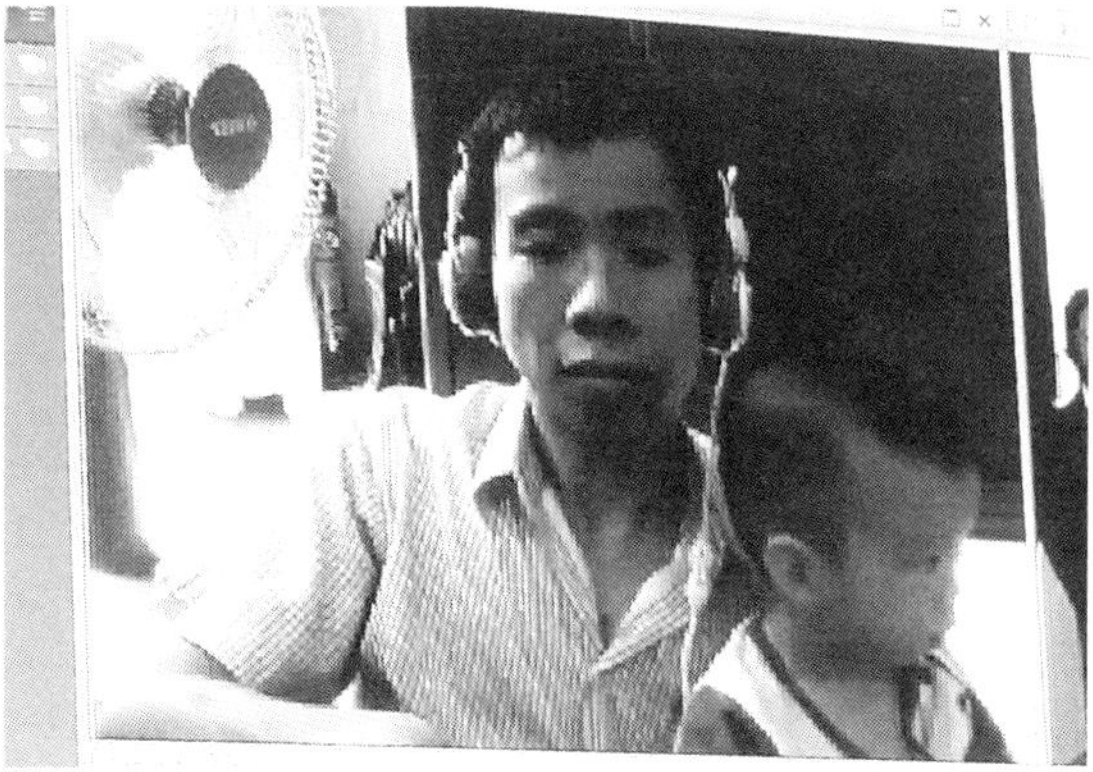

テレビ会議で日本の中学生と交流する筆者を映すディスプレイ

分離手術25周年記念式典で「いつも僕の中に」を歌うドクさんら

ミュージックビデオのラストシーン

Giới Đẹp Tươi」（ヴィ・モッ・テ・ジョイ・デップ・トゥオイ）というタイトルです。これは、「美しい世界のため」という意味になりますので、ベトナム人だけでなく、いろいろな国の人たちにミュージックビデオの製作に協力してもらいたいと考えました。ですから、日本の中学校の生徒さんたちが、空に揚げる凧《たこ》をつくってくれたことには、とても感謝しています。

この中学校の生徒さんたちが作ってくれた凧は、ベトナムの子どもたちがそれを持って歌ったり、空に揚げたりしました。また、日本の中学校の生徒さんたちが、ベトナム語で歌うシーンに協力してくれたことにも、とても感謝しています。二〇一二年六月に完成したミュージックビデオは、ベトナムで放映されて大変好評を得ています。

ミュージックビデオの完成と同時に、私は、「ドク　日本　美しい世界のため」というチャリティグループをつくりました。このグループの目的は、枯葉剤被害者、障がい者、貧しい人、困っている人を助けることです。ですから私のグループは、孤児院に寄付をしたり、ガーさんの家族を励ましに行ったりしています。ガーさんの子どもは、これまでに一〇〇回以上も骨折していますが、とても勉強を頑張っています。

日本の小学校や中学校から寄付してもらったお金や文房具を、ベトナムの孤児院などに届けることもしました。そしてそういった活動はベトナムの国からも認められ、表彰されたこともあります。

二〇一三年一〇月には、分離手術成功二五周年の記念式典をホーチミン市で開催しました。日本からもたくさんの支援者や友人に参加してもらいました。式典のオープニングでは、私は歌手のフンさんや私のボランティアグループのメンバー、そして日本の歌手や友人とともに「いつも僕の中に」を日本語とベトナム語で歌いました。

最後に、今でも世界には戦争や紛争があります。イラク、アフガニスタン、ウクライナ……、そしてベトナムは中国と南沙諸島の領有権について争っています。日本も中国と尖閣諸島の領有権についてもめているので、ベトナムの気持ちがわかるでしょうか？

イラクやアフガニスタンでは、アメリカ軍によって劣化ウラン弾という人体に放射性物質による悪影響をもたらす爆弾が使われたようです。そのことによって、障がいを持った子どもが生まれているという報告があります。

私がお世話になった日本人に、桝蔵《ますくら》千恵子さん（元金沢大学教育学部付属養護学校教諭、故人）という人がいました。彼女は、「世界中の戦争や紛争がなくなれば、世界の障がい者の数は三分の一になる！」と言ってました。戦争が起これば、罪のない人たちの命がたくさん犠牲になります。枯葉剤のような毒性の強い化学兵器が使われることもあります。

そういうことがなくなりますように、これからもみなさんとともに「世界平和を実現するために」、すべての国の人が手と手をつないでいけるように頑張っていきたいと思います。本日は、ご清聴ありがとうございました。

第2章　ベトナム戦争における枯葉剤被害について

尾崎　望

ベトナム戦争で、アメリカは一九六五年から一九七三年の間に七〇〇万トン以上の砲爆弾を使用しました。この数字は、第二次世界大戦で使われた火薬の総量の二倍を超えるものでした。またパイナップル爆弾、ボール爆弾など金属破片が高速で飛散することで人体殺傷のみを目的とした兵器や、広い範囲にわたって森林や家屋を高温で燃焼し、そのために人に重症の熱傷をおよぼすナパーム弾も大量に用いられました。

戦闘によってベトナムの住民はもちろんのこと、解放戦線兵士、支援のために南部戦線に参加した北ベトナム兵、そして政府軍兵士などに多くの死傷者が出ました。さらにアメリカ兵や、アメリカの要請にこたえて参戦した韓国兵などにも多くの犠牲が生じました。『ベトナム戦争の記録』(大月書店、一九八八年)によれば、ベトナム人の住民は三六万人から五八万人、兵士は七〇万人から九〇万人、またアメリカ兵四万五〇〇〇人の死者を出したと推計されています。

この章では、ベトナム戦争で使用された枯葉剤の中に含まれていたダイオキシンによる人体への被害について、特に私がかかわった、枯葉剤に曝露《ばくろ》された人々から生まれた子どもたち、つまり二世たちの被害を中心にお話しします。その理由は、枯葉剤が実戦で初めて使用されたのがベトナム戦争で、そのために生態系と人体に多大な影響を及ぼしたからです。そして、戦争でひとたび化学兵器が使用されることで次の世代も含めて多くの人々に悲惨な結果を及ぼしていることを正しく認識し、教訓を導き出さなければならないと考えるからです。

ベトナム戦争においてアメリカ軍が大量の枯葉剤を撒布《さんぷ》したその目的は、

①監視を容易にし、敵の隠れ場所を暴露するために樹木の葉を枯らす

②ゲリラ軍の食糧供給を断つために穀物を枯らす

ことにありました。ゲリラ軍の攻撃を防ぐために空中からの撒布に加えて、陸上交通手段、ボート、背中に背負える容器など考えられるあらゆる手段を用いて、アメリカ軍、サイゴン軍と味方すべての基地周囲と水路と陸路の両側に撒布したといわれています。アメリカ軍はこの目的を達成するために一九六一年八月一〇日のコントゥム省ダックトでの試験撒布に始まり、一九七一年二月までの一一年間に七万二三五四立方メートルの枯葉剤を撒布しました。撒布された面積は二〇〇万ヘクタール以上に上り、それは南ベトナム全土の八分の一に相当するものです。補足しておくとアメリカ

軍の使用は一九七一年に終わっていますが、その後も一九七五年まで、サイゴン政権軍（南ベトナム政府軍）はアメリカ軍から供給された枯葉剤の使用を継続しました。

ここで、枯葉剤とダイオキシンについて少し説明を加えておきたいと思います。アメリカ軍がベトナム戦争で使用した枯葉剤には四種類の薬品が含まれていました。2,4-ジクロロフェノキシ酢酸、2,4,5-トリクロロフェノキシ酢酸、ピクロラム、カコジル酸の四薬剤です。この四種類の化学薬品は様々な比率と組み合わせで混合して撒布されました。ダイオキシンというのは、この中の2,4,5-トリクロロフェノキシ酢酸の製造過程で副産物として産生されるもので、したがって2,4,5-トリクロロフェノキシ酢酸をふくむ枯葉剤中に微量に混入していました。

ダイオキシンは七五種類にもおよぶ同族体がありますが、その中で最も有害な作用を有するのが2,3,7,8-TCDDです。なお撒布前の枯葉剤を貯蔵する五五ガロン容器につけられた識別票の色によって、エージェントオレンジ、エージェントブルー、エージェントピンクなど様々に呼ばれましたが、その中でもっともダイオキシン含量の多いのがエージェントオレンジでした。

さて話を進めます。枯葉剤撒布によって南ベトナムの広い範囲にわたって植生、生態系が破壊されたのみならず、枯葉剤に含まれていたダイオキシンは人体にも大きな被害をもたらしました。ベトナム戦争で撒布された枯葉剤中のダイオキシン総量は、エージェントオレンジに含まれる平均的ダイオキシン濃度をもとに一七〇キログラムと推計されています。一方ではソビエト連邦科学アカデミーのフォキンは、当時の工業生産量などをもとにした推計で五〇〇キログラムとしています。いずれにしても膨大な量のダイオキシンが撒布されたことには間違いありません。

1　ダイオキシンによる健康被害の報告

ベトナム戦争でアメリカ軍が枯葉剤撒布を始めた当初から、枯葉剤に含まれるダイオキシンの人体被害について様々な報告が出されるようになりました。枯葉剤作戦開始後間もない一九六六年の時点で、全米科学振興協会（ＡＡＡＳ）はアメリカ軍がベトナムで使用した化学兵器の有害性についての懸念を表明し、一九六八年には全米癌《がん》協会が支援する研究のなかで、エージェントオレンジを含む2,4,5-トリクロロフェノキシ酢酸が先天性障害を起こすことが報告されました。ベトナム国内では一九六九年にサイゴンの新聞が、枯葉剤作戦によってベトナムの住民に出産異常が激増したという連載を掲載しました。ベトナム戦争が終結して以後も、ベトちゃん・ドクちゃんの報告に象徴されるように、ジャーナリストや研究者たちがベトナムで生じている多彩な先天性障がいを報告しています。しかしダイオキシンと人体への被害、特に先天性障がいとの因果関係について疑義を呈する主張も少なくありません。そもそもアメリカの製薬企業がベトナム人の枯葉剤被害者に対する被害補償を拒否する主たる理由が、両者の間に因果関係なしという点にあります。

さて、この章では現時点でわかっているダイオキシンの人体への影響について客観的な事実と、科学的研究の到達についてまとめます。

(1)ベトナムにおける枯葉剤被害

ベトナム国内においては戦争終結後一〇年くらい経過した一九八〇年代から、枯葉剤が撒布された旧南ベトナム住民と、旧南ベトナムで従軍した兵士の健康状態の調査が進められていきました。10—80委員会（一九八〇年に創設されたベトナムにおける化学戦争の被害調査国内委員会）の仕事に長年従事されたレ・カオ・ダイの著書によると、化学物質に曝露された人々は統計的に有意に消化器疾患、神経障害、皮膚疾患、腫瘍にかかりやすく、肝機能障害、肝硬変、免疫不全、動脈硬化症、高血圧、脳血管障害、白血病などなどにかかりやすい傾向があるとしています。

またベトナム各地の主要な病院、産婦人科から報告された生殖異常に関するデータは、対照地域に比べて撒布地域の住民と、南部で戦闘に参加した退役軍人の家族には、自然流産と未熟児、胎児死亡、胞状《ほうじょう》奇胎《きたい》（受精時に卵由来の核が不活化し、精子由来の核のみが分裂増殖していき、子宮腔内全体にぶどうの房状の絨毛《じゅうもう》が異常増殖するもの）と絨毛癌（胎盤を構成する絨毛を発生母地とする悪性腫瘍。約半数は胞状奇胎が癌化したもの）、先天奇形などの異常の発生数が多いことを示しています。

しかし、こうしたベトナム人研究者の報告は当時の医学界ではあまり評価をされませんでした。ベトナムでは10—80委員会の呼びかけで、一九八三年、一九九三年の二回、枯葉剤の人体的影響に関する国際シンポジウムが開かれました。一九八三年に開催された第一回目のシンポジウムではアメリカ、東西ヨーロッパ、アジアや日本、旧ソビエト連邦などから七〇名の研究者が参加して、ベトナムの研究者と同じテーブルでこの問題について議論が交わされ、ベトナムの研究者たちから、ダイオキシンによる人体被害に関する多くの報告が出され、その個々について質疑討論がなされました。この会議の内容はのちに論文になって公開されています。

例えば、ホーチミン市にあるツーズー産婦人科病院院長で産婦人科医師であり、結合双生児のベトちゃん・ドクちゃんの主治医としても知られるグエン・ティ・ゴック・フォン医師は、ツーズー産婦人科病院における生殖異常について報告しました。その中で胞状奇胎・絨毛癌、先天奇形、死産、流産の割合を、ベトナム戦争以前の一九五二年から戦争終結後の一九八一年まで継時的に検討し、流産、死産は一九六七年ころから、胞状奇胎・絨毛癌は一九七六年ころから増加しており、ダイオキシンが生殖系に影響をおよぼすと結論付けました。

それに対して外国の研究者からは、この四つの検討で母数となる分娩数が異なっていること、流産、死産については比較の基準となる戦争前の比率が通常報告されているものと比べて極めて低いこと、また比較すべき群間で妊婦たちの社会経済状態が考慮されていないこと、夫のアルコールと喫煙の程度が異なること、など多くの疑義が指摘され、研究としての精度に疑問が投げかけられました。

シンポジウム統括者はこの論文の中で見解を示していますが、個々の検討以前の問題としてベトナムの研究者の報告のほとんどあるいはすべてに共通して、①データの選択、収集の基準・方法があいまいである、②枯葉剤曝露の定義が居住地を基準になされているが個々人によって実際の曝露量は極めて大きな差がある、③生殖にかかわる異常、特に流産の既往はカルテの検索ではなく聞き取りによってなされており不確定要素を残す、④先天奇形の範疇《はんちゅう》にポリオなど後天性の障害も含まれている、などの諸点を挙げて、ベトナム研究者らの研究の信頼度に疑問を呈したわけです。

第一回目の国際シンポジウムから一〇年後にあたる一九九三年に開催された第二回シンポジウムでは生殖異常のみならず、環境や人体のダイオキシン濃度、染色体異常など細胞遺伝学的検討や動物実験などが、ベトナム、日本、アメリカ、韓国などの研究者から報告されました。そしてシンポジウムの討論を踏まえて総括報告を行った10—80委員会委員長ホアン・ディン・カウ医師は、人の健康へのダイオキシンの影響として癌や精神異常、生殖異常などいくつかの疾患（群）を挙げたうえで、「これらの疾患の関連メカニズムはまだはっきりとわかっていない……ダイオキシンは染色体の遺伝子に影響を与える可能性がある。このことは世代から世代へと伝達される染色体異常の原因となるであろう。遺伝子変異は主として先天奇形のような表現型において現れてくる」と結んでおり、ダイオキシンの人体への影響、生殖異常との関連について危惧《さぐ》を表明しましたが、一方で、断定は避けてその可能性を指摘するにとどめています。こうしてベトナム人研究者自身の研究が精力的に進んできてはいますが、ダイオキシン被害、特に生殖や先天異常に関しては、その関連性を確定するには至っていません。

一方、ダイオキシンの被害を最も強く受けたであろうと思われるベトナム国民が、いったいどれくらいの人々が枯葉剤を浴び、どれくらいの人がそのために疾病や障害をもたらされたのかという点については、これまでのところ正確な数字は存在しません。ある程度信頼のできる推計値をみてみると、コロンビア大学ジーン・ステルマンは枯葉剤撒布経路にあたる三一八一か所の集落に住む四五〇万人のベトナム人が枯葉剤を浴び、さらに南ベトナムおよび北ベトナムの兵士一〇〇万人が浴びたとしています。またベトナム赤十字社は一五万人の先天性の障がいを含む三〇〇万人のベトナム人が影響を受けたと推計しています。

次に、ベトナム政府がダイオキシンの被害者に対して実施している支援について触れておきます。実はベトナム政府が枯葉剤被災者の援助に向けて公式に動き出したのは意外に新しくて、一九九八年四月に「ベトナム戦争においてアメリカが使用した枯葉剤により被害を受けた被災者の調査、確定に関する首相決定74」が最初とされています。この決定を受けて二〇〇〇年二月、「ベトナム戦争においてアメリカによって使用された枯葉剤に汚染された反侵略戦争参加者とその子どもに対する制度についての首相決定26」により具体的な扶助政策が打ち出されました。以後、二〇〇四年七月、二〇〇五年六月、二〇〇七年六月に修正あるいは改編されて今日に至っています。

現行の扶助制度では、対象者はアメリカ軍が枯葉剤を使用した地域において工作、戦闘、戦闘服務に参加したことが証明され、枯葉剤の影響により病気に罹《かか》り、労働力が減退し、奇形・障がいを持つ子を出生したかもしくは不妊の者、および枯葉剤に被災した抵抗戦争活動者の子どもで、枯葉剤の影響で奇形・障がいを持ち、生活における自立能力、労働能力が減退したものとされています。援助の内容としては扶助金、医療保険、教育支援、健康や労働能力の回復のためのケア、子どもの雇用、などなど多岐にわたっています。

扶助金の月額は二〇一〇年の政府議定によると、直接被災者の場合は労働能力の減退程度に応じて日本円で約五〇〇〇円から七〇〇〇円、間接被災者では約一七〇〇円から三〇〇〇円です。この額は、受給者への聞き取りでは、決して十分なものとはいえないようです。この制度の最大の問題は、二〇〇九年六月の時点で枯葉剤被害者の申請者が三五万六〇〇〇人、そのうち受給者は一三万五〇〇〇人に過ぎないという点です。被災者の推計が少なくとも一〇〇万人のオーダーであるにもかかわらず、申請者、認定者とも極めて少数しかいないという現状です。なおこの点に関しては本書第3章の福島知子らの「ベトナム現地での枯葉剤被害二世の社会的支援と調査研究」が詳細に触れています。

こうした不十分な公的な支援状況のもとで、枯葉剤被害者たちは被害者のリハビリテーションやデイケア、職業訓練などを目的として、ベトナム政府の承認のもとにベトナム枯葉剤被害者協会（VAVA:The Vietnam Association for Victims of Agent Orange/Dioxin）を設立しました。そして二〇〇四年一月、ベトナム戦争当時に枯葉剤を製造・供給したアメリカの製薬化学企業三七社に対する損害賠償訴訟を、アメリカの裁判所に起こしました。二〇〇五年三月の一審は、枯葉剤の使用は人に対する危害を意図したものではなかったために国際法には違反しないとして原告のすべての請求を棄却します。この判決を不服としてＶＡＶＡは二〇〇五年四月に見直し請求を行いましたが二〇〇八年二月に再度棄却され、さらに二〇〇八年一〇月に連邦最高裁に見直し請求を行いましたが、二〇〇九年三月、製薬会社の責任や、枯葉剤と健康被害の関係を認めない下級審を支持するとの判断で、補償は実現していません。

（2）ベトナム帰還兵の被害

ベトナムからの報告が確定的な結論を得られずにいる中で、別の新たな動きが始まりました。それはベトナム戦争に参戦したアメリカの帰還兵たちからでした。その経過について少しふれておきます。

アメリカはベトナム戦争に陸海空軍合わせてのべ二六〇万人以上の兵士（前掲『ベトナム戦争の記録』による）を派遣しました。最大時の一九六九年一月には五四万九〇〇〇人の兵士が戦場に送られています。戦争終結後ベトナムからの帰還兵の間に癌、皮膚炎、麻痺《まひ》、性欲減退、神経症など多岐にわたる疾病が報告されます。帰還兵のみならず科学者の間でもエージェントオレンジの使用による人体への影響が関心になり始めました。一九七八年には、退役軍人とその家族は、エージェントオレンジが関連すると考えられる疾病についての補償を求めて訴訟を提起します。法律上は退役軍人は戦争中に起こった不利益についてアメリカ政府を訴えることはできないため、多くの複雑な訴訟手続きの末に、戦争での使用目的としてアメリカ軍に化学物資を提供していた化学薬品会社八社を相手取っての訴訟となりました。

これに対して企業側は「問題の責任は明らかに政府にある。軍需に応じたに過ぎない企業が訴えられる筋合いはない」との主張を繰り返しました。一九八三年には、「毒性を示す動物実験の結果についても、六〇年代半ばに政府に伝えた」という事実を提示して「それでも使ったのだから全責任は政府にある」と主張しましたが、一九八四年に連邦政府は、この訴訟は成立するとの判断をくだしました。

審理が始まればすべての問題が明るみに出るはずでしたが、同年五月に大法廷での本審理が始まる直前になって、企業側は一億八〇〇〇万ドルの和解案を提示してきました。帰還兵側弁護団は勝訴の確信が持てないことを理由にこの和解案を受け入れました。

一九八四年から開始されたこの補償制度により、一九九六年の時点で申請六万八〇〇〇人中約四万人が補償金を受け取っています。しかし和解金は障害の重症度や期間、死亡か否かによってさまざまで、最低の場合で二五六ドル、最高でも一万二八〇〇ドルという、ほんのわずかなものでした。

一九八〇年代半ばになって、エージェントオレンジの調査はベトナム戦争におけるアメリカ海軍総司令官であったエルモ・ズムワルトの参加によって大きく加速します。彼の息子は将校としてベトナム南部で活動し、任務終了後帰国してから子どもが生まれましたが、その子の成長が正常ではなく、またズムワルトの息子自身も癌を患ってしまいます。エージェントオレンジの毒性に確信を持ったズムワルト提督は、アメリカ議会に対して公的な調査を要求します。

これらの動きを受けた形でアメリカ議会は、一九九一年二月にエージェントオレンジが原因となっている可能性を持った疾患について、これまでの研究を再検討する任務を全米科学アカデミーに付与する法律を成立させました。一九九四年に全米科学アカデミーは「退役軍人とエージェントオレンジ――ベトナムにおける枯葉剤の使用が健康に及ぼす影響」を検討し、公表する権限を全米医学委員会（Institute of

Medicine）に与え、最初の疾病リストが公表されました。以後現在に至るまで、二年ごとに研究内容が更新され出版されています。最新のバージョンは二〇一四年に更新されたもので、法律上はこれが最終報告になるものとされています。その内容については後ほど触れたいと思います。

こうした科学的調査と並行して、一九九一年にアメリカ政府は、退役軍人省の関連機関を通じて、エージェントオレンジによる犠牲者に対する補償を開始しました。もちろん補償の対象となる疾患の選択には全米医学委員会の研究が反映されています。さらに退役軍人省によってエージェントオレンジの被害者遺族や傷病兵の補償、医療相談やリハビリテーションの補償も実施されています。

（3）韓国の帰還兵の状況

続いて韓国の帰還兵のことについて触れたいと思います。韓国はベトナム戦争に大きく関与しました。韓国では一九六〇年代、当時の朴正熙《パクチョンヒ》政権は政権の安定と国内経済立て直しのために多くのドルを必要としていました。日韓条約が締結され日本からの援助借款や民間信用供与がなされたのもこの時期です。

一方、ベトナム戦争に本格介入を始めたアメリカは国際的孤立を避けようとして、軍事協力を各国に要請していましたが、これが朴政権の意向と合致して韓国はアメリカから多額の供与を受け取るのと引き換えに、一九六五年から一九七二年までの八年間に三一万人という、オーストラリア、フィリピンなど韓国同様にアメリカからの要請を受けたほかの参戦国よりも、けた違いに多くの兵員をベトナム戦争に送りました。しかもほかの国の派遣は戦闘員ではなかったのに対して、韓国からの派遣兵は直接戦闘にかかわったのです。

ベトナム戦争終結後、帰還した兵士の間に様々な疾病が多発したことが明らかになってきました。しかしその支援は単純ではありませんでした。その理由は枯葉剤問題が徹底した隠蔽《いんぺい》のもとにあったからです。全斗煥《チョンドゥファン》、盧泰愚《ノテウ》と続いた軍事政権のもと、この二人がともにベトナム戦争にリーダーとして参加し、その後も軍内でのし上がってきたという現実の中で、ベトナム戦争の実態を洗い出し、問題化することが実際上は不可能でした。

一九九三年になって、民主的な選挙によって金泳三《キムヨンサム》大統領が誕生します。そして就任直後に初めて枯葉剤被害が公式に検討議題に上り、枯葉剤被害者治療に関する法律が成立しました。二〇一五年三月現在、全米科学アカデミーの研究の到達を考慮して一八種の疾患が後遺症と認定され、それ以外に後遺症疑いの一九疾患が挙げられています。後遺症と認定された者は五万八八五人で、治療費の全額免除に加えて重症度等級によって月額三万五〇〇〇円から四〇万円の補償金、及び子弟の学資金支援など国家有功者に準じた恩典が得られるようになりました。また八万九一四七人が後遺症疑いと認定されていて、治療費の全額免除に加えて月額三万円から六万円の手当が支給されています。補償における両者の差は歴然です。

一方で一九九九年に、一万七二〇六人の退役軍人がアメリカの化学企業のダウ・ケミカルとモンサントの両社を相手取って損害賠償請求訴訟を韓国の裁判所に起こしました。二〇〇二年五月の一審は「因果関係を確認できず時効もすぎた」として敗訴判決を出しました。二〇〇六年一月ソウル高等裁判所で行われた二審では、アメリカ国立科学院の疫学調査報告書を根拠として「原告が主張する枯葉剤の後遺症のうち塩素ニキビを始め、非ホジキンリンパ腫、軟部組織肉腫、ホジキン病、肺がん、多発性骨髄腫、二型糖尿病など一一の疾患が除草剤の副産物ダイオキシンと因果関係がある」

として、五二二七人に一人当たり日本円で五三万円から四一〇万円、総額五五億六五〇〇万円の賠償金を払うことを命じる判決を出しました。しかし、二〇一三年七月の大法院（日本の最高裁にあたる）では塩素ざ瘡の患者三九人を除く五一八八人については「枯葉剤によって疾病が生じたとみなすのは困難だ」としました。なお、塩素ざ瘡の三九人に対する賠償額は一人当たり日本円で五三万円から一二〇万円、総額四一〇〇万円に過ぎません。しかも製造会社が韓国に資産を有していれば直ちに執行が可能であるが、資産がない場合はアメリカの裁判所に執行判決を求め、賠償を受ける必要があると説明しています。事実上は、化学薬品会社の責任は問われなかったことになります。

2　被曝二世の状況——私たちの健診結果報告

ここまでのところで、ベトナム戦争に深くかかわった国々で枯葉剤被害がどのようにとらえられて、対応がどうなっているかについて書きました。被害者への補償は、多分にそれぞれの国の政治的判断が反映されています。どこも被害者たちの大きな犠牲と粘り強い運動のもとに少しずつ動き出しましたが、内容は被害者にとっては決して満足のいくものとはなっていないようです。しかも企業の責任は一切問われませんでした。

さて、こうした政治的判断はともかくとして、枯葉剤、ダイオキシンは人体にどのような影響を及ぼすのかという点では、どこまで解明されているのでしょうか？　この点こそ、ベトナム戦争から私たちがくみ取るべき真の教訓にかかわる重要な問題です。以下のところでは、この点を掘り下げてみたいと思います。ここではまず、私たちが実際にベトナムの各地で行ってきた枯葉剤曝露二世にあたる子どもたちの障害実態調査についての紹介からはじめます。

きっかけは、「ベトちゃん、ドクちゃんの発達を願う会」の藤本文朗氏からの呼びかけでした。ベトナム戦争に参戦した北ベトナム出身兵士の子どもたちに重度の先天性障害が多発しているという報を、テレビ朝日ハノイ支局長から聞いた「願う会」代表の藤本文朗氏から医学的調査の要請があり、それに応えてベトナムでの調査活動が企画されました。一九九五年一二月二九日から三一日の三日間、場所はベトナム北部ナムハ省、タイビン省、ハタイ省です。この第一回調査以後は、ほぼ毎年、現地の協力者と連絡を取り合ってベトナムの各地で障害を持った方たちを対象に健診を実施し、その数はトータルで一一回を数えます。

実施した地域のうち、第一回のハノイ周辺（ナムハ省、タイビン省、ハタイ省）と第三回のハイフォンは枯葉剤が撒布された所ではなく、対象は父親が南ベトナムに従軍中に枯葉剤に曝露され、北に帰ってから北ベトナムで生まれ育った女性と結婚して生まれた子どもたちです。父親が枯葉剤に曝露した場合に、二世の子どもたちが障害を生じるのかの検討です。それ以外の地域はアメリカ空軍の記録から枯葉剤撒布地であることが判明している場所で、クアンチ省はベトナム中部、ビンフック省とタイニン省はベトナム南部にあっていずれも激戦地でした。したがって、両親のいずれかまたは両方が枯葉剤に曝露されたことが推測されます。

（1）子どもたちの健診の概要

健診の様子を写真に示しますが、現地人民委員会が事前調査をもとに選択した子どもたちが保健センターに集まってきます（写真1、2）。この子たちを日本人とベトナム人医師が協力して診察します。多くの場合、ＣＴなどの画像検査や血液検査は実施されていないため、診察に頼った診断となります。また家族から妊娠中や出生後の経過を聴取するわけですが、記憶の不確かさと通訳の医学的理解度の制約のために、その内容は正確さに欠けます。障がいが本当に先天性といえるのか、生まれて間もないころの疾病が原因なのかは往々にして区別できません。

したがって、ここで私たちが先天性障がいと判断したのは、明らかな外表奇形や臓器障害が診断できるもののみに限定しました。脳性まひや、身体症状のない知的障がいは、先天性の要素が関与する可能性は否定できないにしても、分娩時のトラブルや家族性の場合も多いために除外しました。つまり外見から一目でわかる奇形を有する先天性疾患のみを拾い上げています。

合計一一回の健診に来られた受診者総数と先天性障がい者の数を表1に示します。全体で一〇五〇人の方を診察し、そのなかに先天性障がいの子どもたちが一六一名見いだされました。

写真1　健診を待つ子どもたちと家族

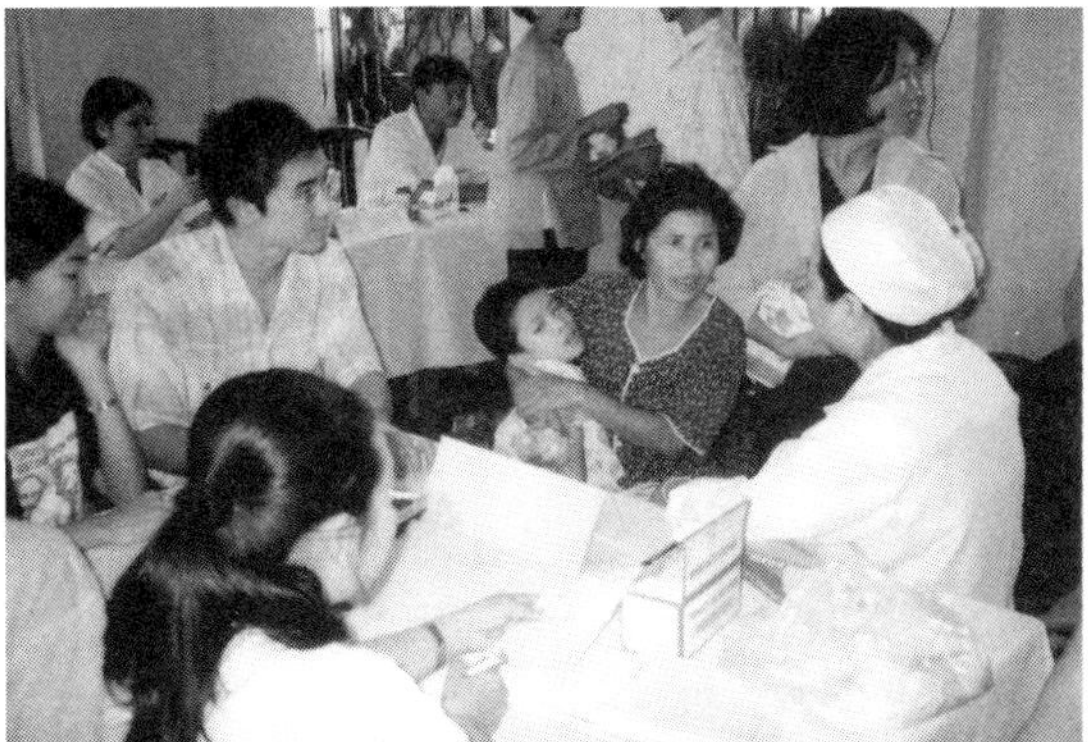

写真2　健診の様子（タイニン省、2006年）

表1　11回の健診全体の結果

時期	場所	対象者数	先天性障がい児の数
1995.12	ナムハ、ハタイ、タイビン省	36	34
1996.12	クアンチ省	80	36
1999.1	ハイフォン	13	4
2001.3	ビンフック省	19	2
2002.3	タイニン省チャンバン県	255	?
2003.8	タイニン省ズンミンチャウ県	284	22
2004.7	タイニン省ホアタイン県	5	1
2005.8.	タイニン省	57	11
2006.7	タイニン省チャウタン県 ドンコイ村、ハウドゥック村	103	26
2007.7	タイニン省チャウタン県 タンロン村・ホアホイ村	86	12
2008.7	タイニン省チャウタン県 フックビン村	112	13
合計		1,050	161

※表中の「?」は記録が手元に残されていないために正確に掌握できなかったもの

（2）先天性障がいについての若干の考察

表に示した先天性障がいが疑われた一六一例のうち一〇九例については、診察所見のみからほぼ確定診断がつけられました。その結果を表2に示します。またその一部について写真を提示します（写真3～10）。以下にこの子たちの障がいの特徴について説明したいと思いますが、多分に専門的な内容ですので、この節の最後のまとめのところまでは読み飛ばしていただいてもかまいません。

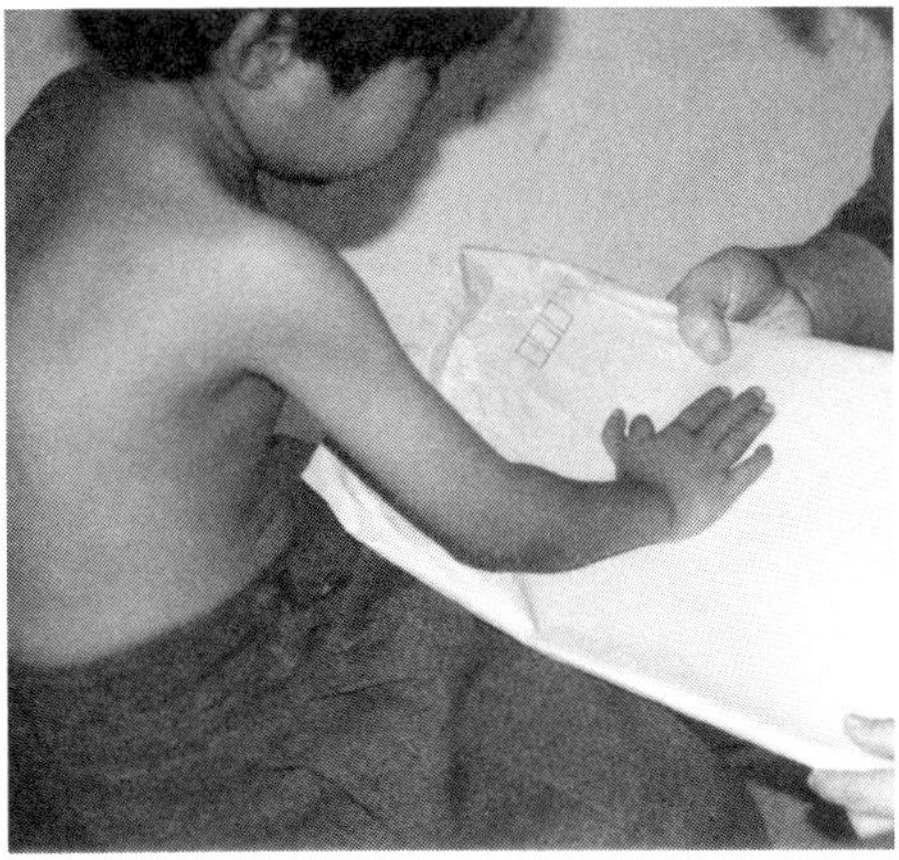

写真3　多指症（軸前性）の男児

あまりなじみのない疾患が多いと思われますが、まず全体的にみた大まかな特徴を述べます。一つは子どもたちに見られる疾患は筋骨格系、中枢神経系、皮膚、感覚器

表2　診察所見のみでほぼ診断が確定できる疾患・障害

筋・骨格系	ミオパチー／ジストロフィー	8
	脊椎骨幹端異形成症	3
	軟骨無形成症	1
	四肢横断性欠損	5
	裂手	2
	多指・合指	19
中枢神経系	先天性水頭症	3
	無脳症	1
顔面・口腔系	唇裂±口蓋裂	8
	口蓋裂	7
	トリーチャー・コリンズ症候群	1
循環器系	先天性心奇形	16
皮膚あるいは皮下組織	神経皮膚黒色症	2
	リンパ管腫	1
感覚器系	無眼球症	2
	耳介無・低形成	2
多系統にわたる先天障害	ダウン症	17
	クルーゾン病	3
	ＧＡＰＯ症候群の疑い	2
	脳腱黄色腫症の疑い	3
	アンジェルマン症候群の疑い	1
	ターナー症候群の疑い	1
	ルビンシュタインテイビ症候群の疑い	1
計		109

系、循環器系、あるいは全身疾患と多岐にわたっていて、特定の臓器や系統に限られていないということがあげられます。またそれらの疾患、障がいの原因として遺伝性のものが多く含まれています。劣性遺伝疾患は稀《まれ》で、多くは優性遺伝疾患、多因子遺伝疾患、そしてダウン症やターナー症候群など染色体異常でした。この点は後ほど触れることにします。

最も関心があるのは、これらの障がいと親のダイオキシン曝露との関係です。それを知るためにはこうした疾患が、曝露地域の子どもたちと非曝露地域の間で有意に発症率に差があるかどうかの検討が必要ですが、残念ながら今回のような健診方法のみでは回答不能です。それは対象地域の全員を調査できているわけではない

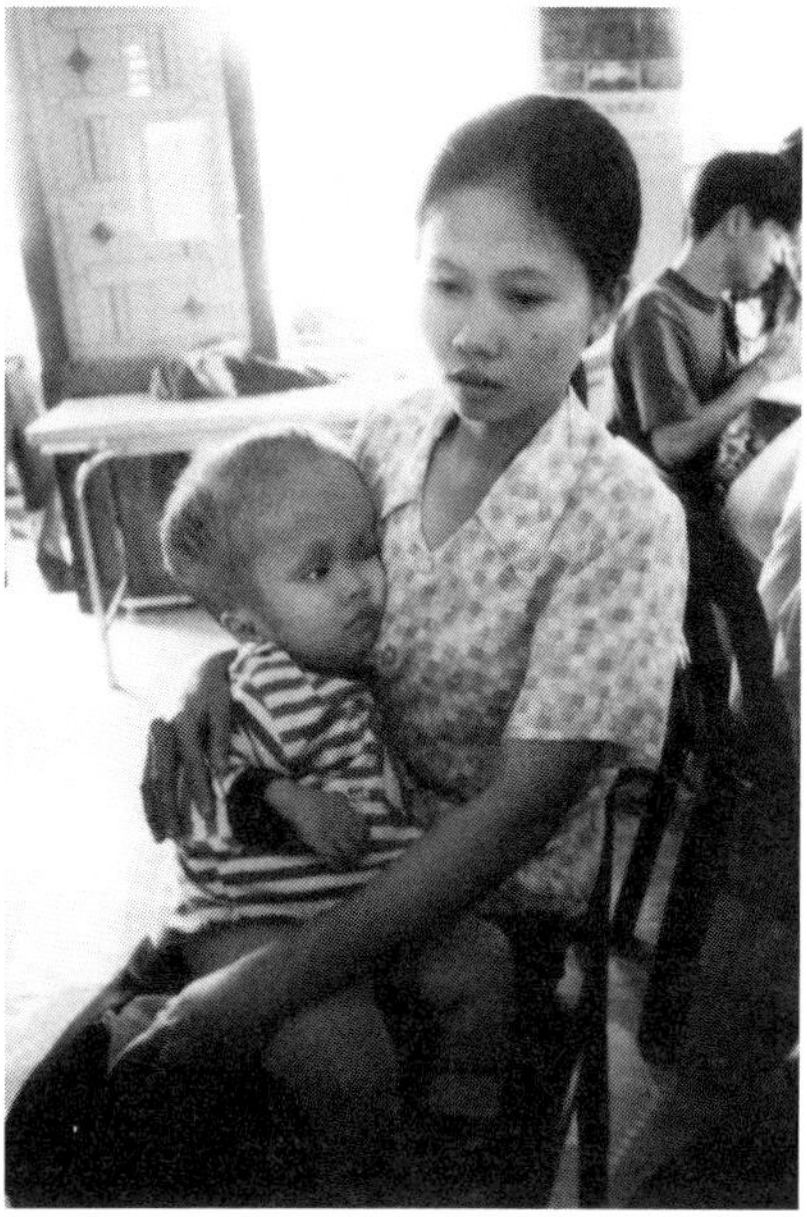

写真4　先天性水頭症の子

ために、正確な発症率を算出できないからです。またベトナム国内の枯葉剤に曝露されていない親たちから生まれた子どもたちの調査も行っておらず、比較することもできません。ですから今の時点では結論を出すことはできませんが、ただ、私たちが行った調査は、ダイオキシン曝露者の二世における先天性疾患の傾向は示しているものと考えています。

なお参考のためにこれに関連するベトナムでの研究を紹介しておきます。一九九六

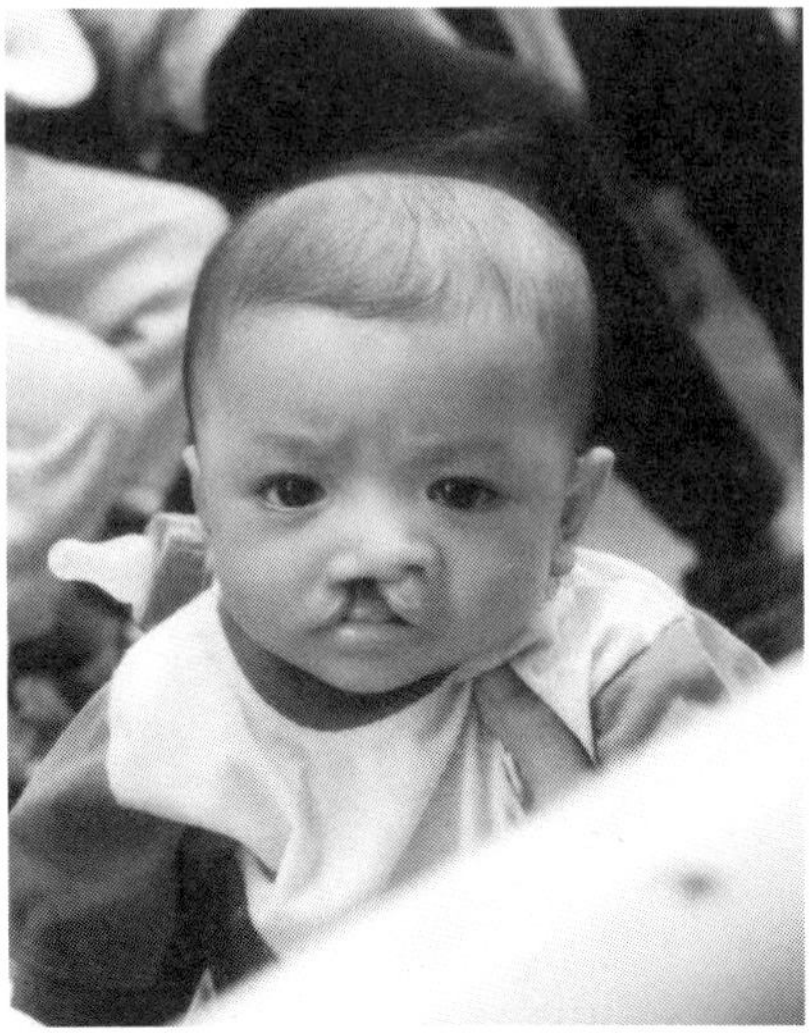

写真５　口唇口蓋裂の男児

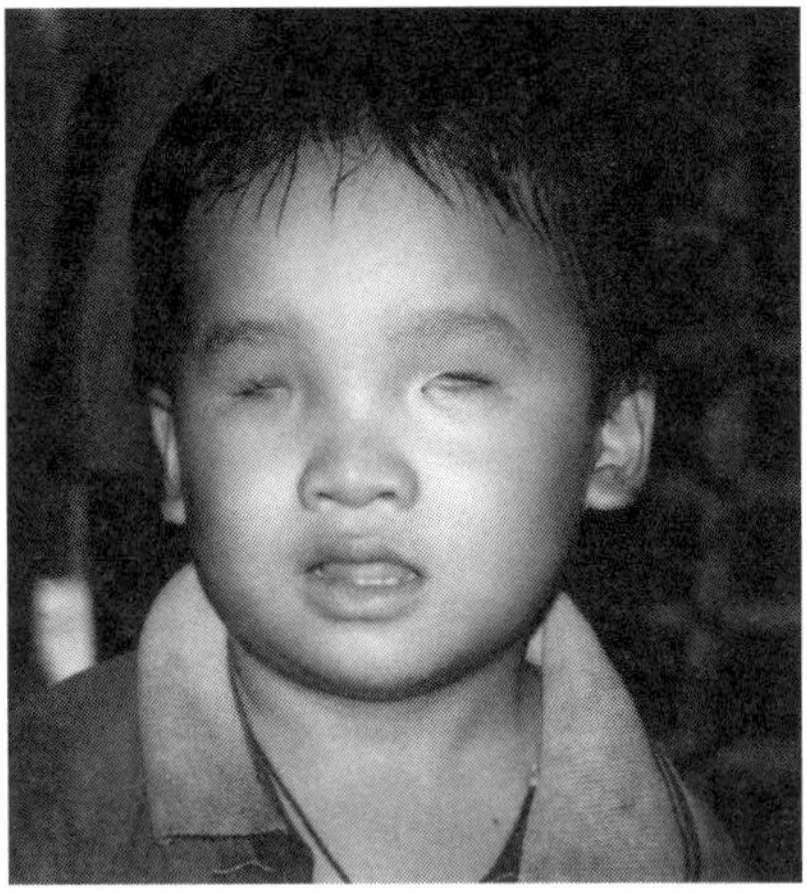

写真６　無眼球症の男児

年にクアンチで実施した健診の際の現地協力者であるフエ医科薬科大学ニャン医師は、独自に綿密な調査を行って口蓋裂《こうがいれつ》と多指症《たししょう》は有意差を持って、撒布地域のほうが非撒布地域よりも発生率が高いと報告しています。表2に示していますように私たちが行った健診でも、トータルに見て口蓋裂と多指症が多数見いだされています。枯葉剤に曝露された特定地域と非撒布地域において全数調査が実施できれば、有意に多発しているか否かの結論を出すことができると思われます。

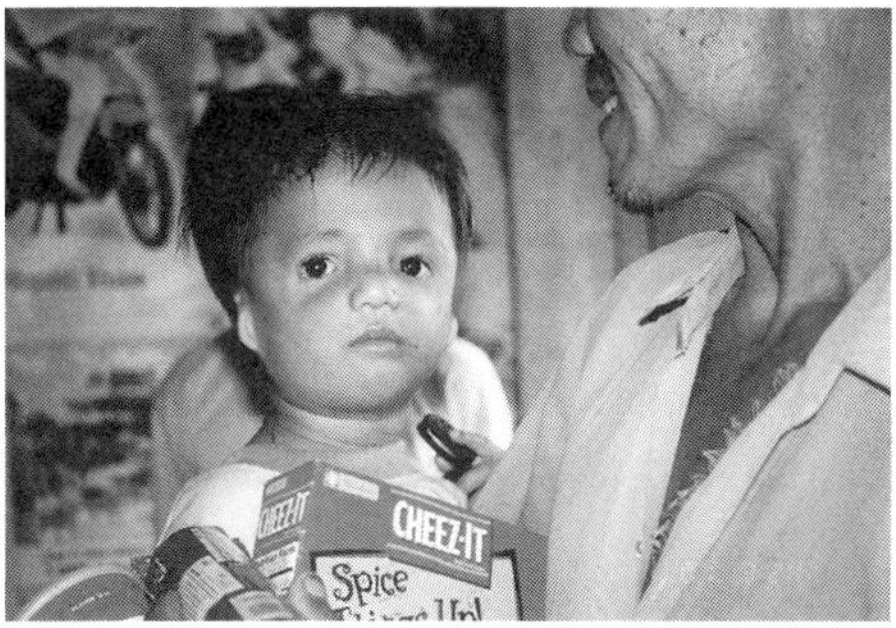

写真7　耳介低形成の男児

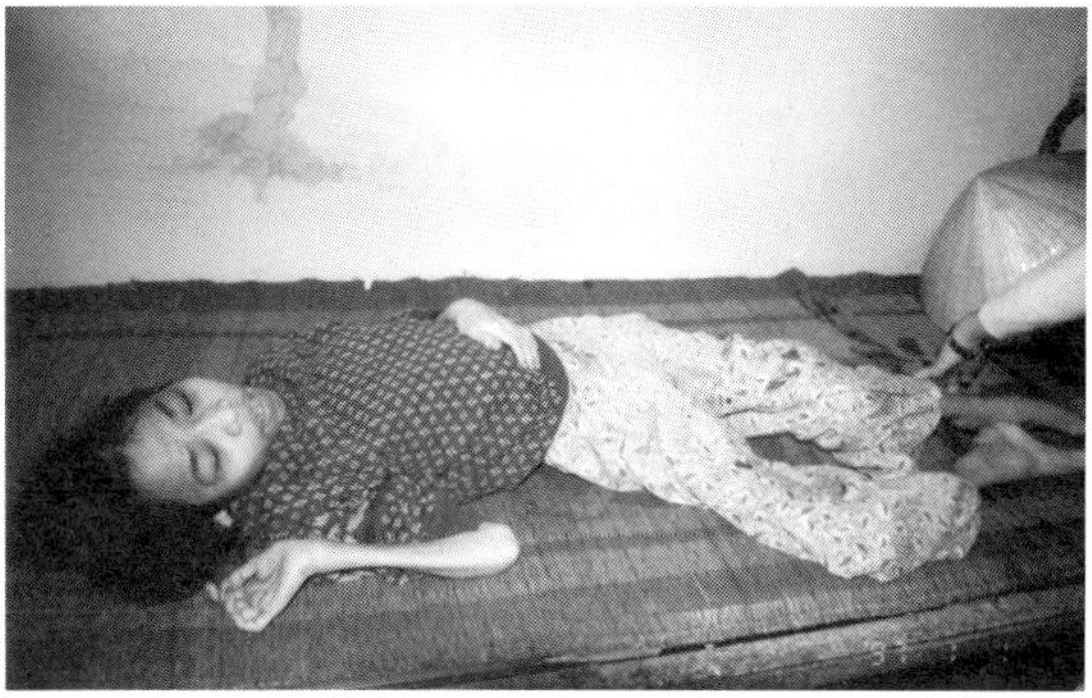

写真8　脳腱黄色腫症が疑われる女性

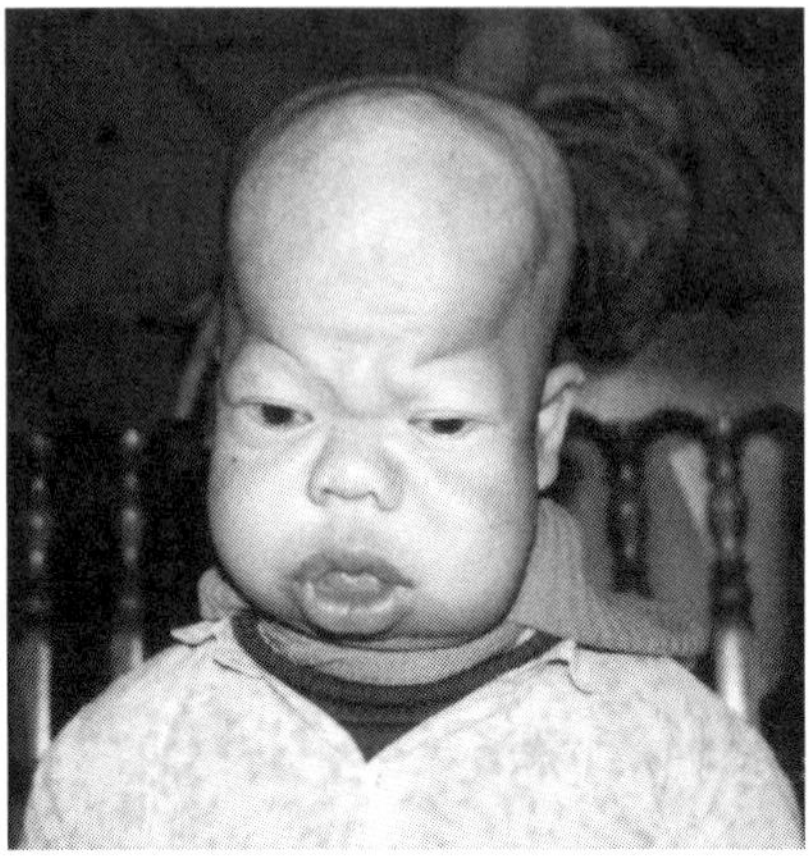

写真9　GAPO症候群が疑われる女児

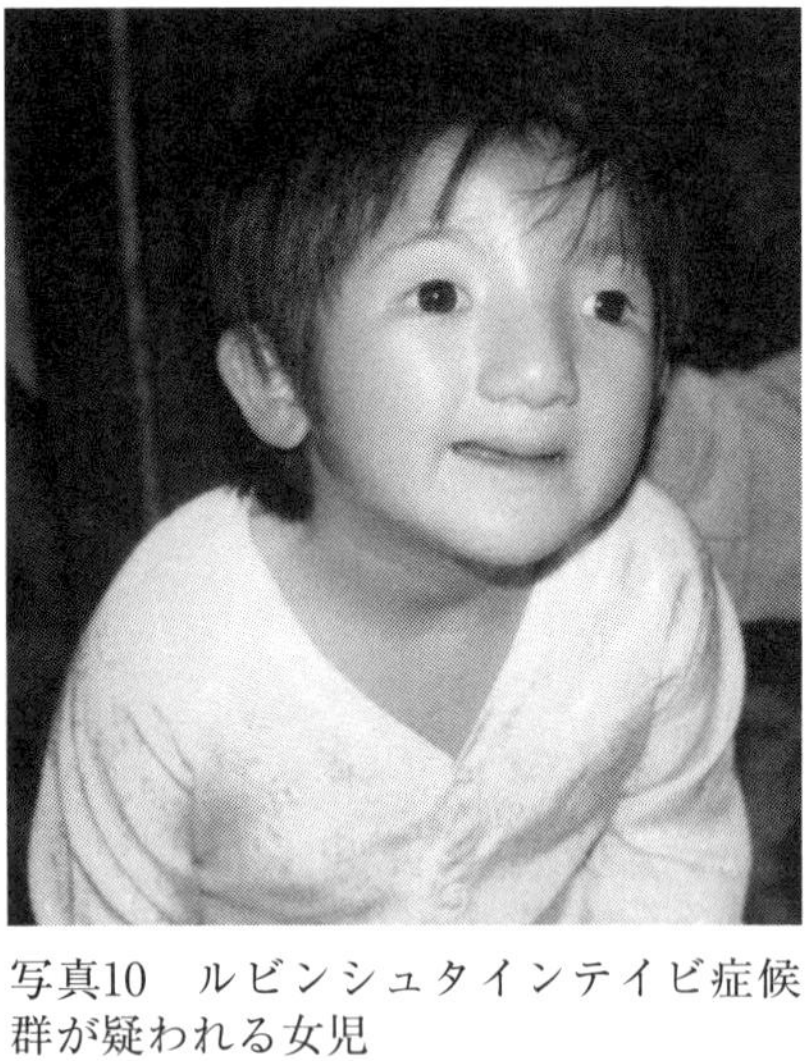

写真10　ルビンシュタインテイビ症候群が疑われる女児

（3）ツーズー病院平和村に暮らす子どもたち

次に、ホーチミン市にあるツーズー病院の平和村（枯葉剤被害者と見られる子どもたちの通所施設）に暮らす子どもたちの障害について検討してみたいと思います。表3に示すデータは私たちが二〇〇六年から二〇〇七年ころにかけてツーズー病院平和村を訪問した時の診察結果からまとめたものです（写真11）。この時点で二九人の子どもたちが入所しており、この子たちには四肢の骨格系、顔面や感覚器、皮膚、そして全身性の先天性異常が多数認められます。そのうち病名に◆を付けた六疾患九人が遺伝疾患で、多くは優性遺伝疾患です。それ以外の二〇名は分娩時のトラブルが推測される無酸素性脳症による脳性まひや、子宮内での出血に起因する線《せん》維《い》索《さく》（ひも状のもの）が絡みつくことによって四肢の末端部が横断性に欠損するものなどでした。

表3　ツーズー病院平和村の子どもたちに見られる疾患・障がい

脳性まひ	11
四肢の障害	
羊膜策症候群	5
◆ホルト・オーラム症候群	1
その他	4
皮膚の障害	
◆先天性魚鱗癬	1
顔面の障害	
◆トリーチャー・コリンズ症候群	2
◆クルーゾン病	1
顔面・四肢の障害	
◆アペール症候群	3
全身の障害	
◆フレイザー症候群	1
計	29

残念ながら診察のみで診断のつきかねるものもあって、ほぼ断定できるものだけを挙げていますが、それでも一定数の先天異常が見いだされます。平和村に暮らす子どもたちの家族背景はさまざまですが、ほとん

ど全員がベトナム南部に暮らしていた家族から生まれており、親がダイオキシンに曝露された可能性は高いと考えてよいと思います。

またツーズー病院平和村の一角には、ツーズー病院で死産や生後

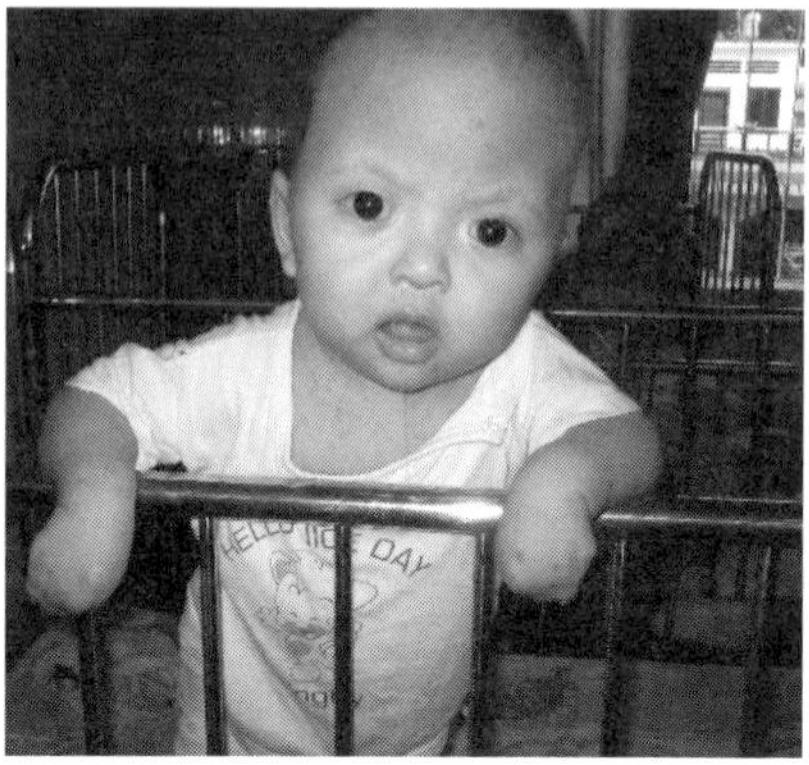

写真11　アペール症候群の男児

写真12　ツーズー病院平和村の標本室

すぐに亡くなった子どもたちの標本が保存されています（写真12）。その中には一見してわかる先天性障害も多数含まれていて、なかでも多様な結合双生児、腹壁破裂、無脳症、アザラシ肢症がめだちます。一九九三年にこの標本を写真撮影し分類された元帝京大学の木田盈四朗氏の報告によると、診断可能なものが三八例あり、遺伝性疾患としてアペール症候群など、非遺伝性疾患として致死性小人症、無脳症など、また一四例の結合双生児がみられたと報告しています。

これまでのところでは、私自身が直接かかわった先天性疾患の子どもたちのことを報告しました。専門的な用語が多くわかりづらい内容となってしまいましたので、以下にこの節を簡単に要約しておきたいと思います。

①私たちが実施した健診や、平和村に暮らす子どもたちに見られる障がい、ツーズー病院の標本についての先駆的研究者の報告を総合すると、ベトナム戦争で枯葉剤を浴びた後に誕生した子どもたちの間に、多様な先天異常がみられることは間違いのない事実といえます。

②その原因としては遺伝子疾患、染色体異常、そして妊娠中の胎児への環境要因などが推測されます。

③しかしこれまでのところではその原因物質として枯葉剤、ダイオキシンが関与しているか否かについては断定はできない、という到達でした。

3　ダイオキシンの人体影響についての疫学的研究の到達

さて、私たちの健診からは結論が出せない状況であることを書きました。ここではダイオキシンの人体被害について、これまで行われてきた研究の到達について紹介します。

現時点でダイオキシンの人体被害について検討するうえでは、研究の質と量において、全米科学アカデミーの医学委員会が行った網羅的な研究をこえるものはないと思われます。委員会は一九九四年に、このテーマにかかわって世界中で報告された研究論文を専門家集団で集団的に精査検討して、ダイオキシンの人体への影響に関する総括的報告を出しました。そしてそれ以後も二年ごとに新たに報告された研究を精査して更新するという、きめ細かな作業を行ってきています。ここでは最新の二〇一四年更新版の内容を中心に、ダイオキシン（TCDD）の健康被害についての現在までの研究の到達についてふれます。

医学委員会が行った作業は、特定の健康被害とベトナム戦争で使用されたダイオキシンなどの化学物質への曝露との関連について、

①科学的根拠のたしかさ、つまり両者の間の相関についての統計的分析・疫学的分析の妥当性を検証して、健康被害と枯葉剤曝露との相関の有無がみられるか否かを明らかにする

②ベトナム戦争中に南部ベトナムでの戦闘に従事した際に枯葉剤に曝露された者たちに疾患危険度が上昇しているか否かを明らかにする

③枯葉剤曝露と疾患との間に因果関係を示す妥当な生物学的なメカニズムやその他の因果関係を示す証拠が存在するか否かを明らかにする

の三点の検討でした。

この要請を受けて委員会は二つの作業を行っています。一つは疫学的研究をレビューして相関の有無を検証すること、もう一つは生物学的に因果関係を検討した実験的

研究についてレビューし妥当性を評価することでした。

「疫学的研究」という言葉が頻繁に用いられますが、その意味は、「ある原因によって特定の疾患が多発しているように見えるが、それは偶然に起こったことではなく確かである」ことを検証する方法のことです。また生物学的メカニズムあるいは因果関係というのは、「ある原因物質が特定の病気を引き起こすメカニズムが、生物学的に説明しうるかどうか」検討することです。

なお、委員会が検討の対象とした研究はベトナム戦争で撒布された枯葉剤による被害に関するもののみならず、ベトナム戦争で用いられた化学物質の成分と同等な物質が使用されたほかの対象、具体的には職業被曝グループの研究、環境による曝露グループの研究についても含んでいます。こうした検討の結果はその対象となった研究論文を含めてすべて公開されており、信頼すべきものと考えられます。

さて、医学委員会は、こうした徹底した検討を経て、これらの化学物質と特定の健康被害との統計的相関の強さを四つのカテゴリーに分類しました。

第一カテゴリー…相関の十分な根拠を持つ疾患

第二カテゴリー…相関の限定的または示唆的根拠を持つ疾患

第三カテゴリー…相関を結論するには不適切または不十分な証拠しか示されていない疾患

第四カテゴリー…相関性なしの限定的または示唆的証拠を持つ疾患

の四分類です。二〇一四年更新版はこの四つのカテゴリー分類に従って、ベトナム戦争で使用された枯葉剤に含まれていた五種類の化学物質（2,4D、2,4,5T、TCDD、ピクロラム、カコジル酸）への曝露と特定の健康状態との相関に関して、以下のような結論をだしました。網羅的で多少煩雑なものになりますが紹介しておきます。

（1）第一カテゴリー…相関の十分な証拠を持つ疾患

・軟部組織肉腫
・非ホジキンリンパ腫
・ホジキンリンパ腫
・慢性リンパ性白血病
・塩素性ざ瘡（ニキビ）

（2）第二カテゴリー…相関の限定的または示唆的根拠を持つ疾患

・喉頭癌
・肺、気管、気管支癌
・前立腺癌
・膀胱癌
・多発性骨髄腫、
・ＡＬアミロイドーシス
・早期発症末梢神経症
・パーキンソン病
・遅発性皮膚ポリフィリン症
・高血圧
・虚血性心疾患
・脳血管障がい
・Ⅱ型糖尿病
・甲状腺機能低下症

（３）第三カテゴリー：相関を結論するには不適切または不十分な証拠しか示されて

いない疾患

・口腔内（口唇、舌を含む）、咽頭（扁桃を含む）、鼻腔（耳、副鼻腔を含む）の悪性腫瘍

・胸膜、縦隔、その他の呼吸器系と胸腔内組織の悪性腫瘍

・食道癌

・胃癌

・結腸直腸癌（小腸、肛門を含む）

・肝胆道癌（肝臓、胆嚢、胆管を含む）

・すい臓癌

・骨関節の悪性腫瘍

・メラノーマ

・メラノーマ以外の皮膚悪性腫瘍（基底細胞、扁平上皮細胞を含む）

・乳癌

・生殖器の悪性腫瘍（子宮頸部、子宮、卵巣、睾丸、陰茎：前立腺を除く）

・腎臓の悪性腫瘍（腎、腎盂）

・脳と神経系の悪性腫瘍（眼を含む）
・内分泌系の悪性腫瘍（甲状腺、胸腺、その他の内分泌組織）
・白血病（慢性B細胞白血病を除き、慢性リンパ球性白血病、ヘアリ細胞白血病を含む）
・その他の部位の悪性腫瘍
・不妊症
・自然流産（父親がTCDD曝露後の場合を除く。この場合は相関はないと考えられる）
・曝露された人の子どもにおける新生児乳児期死亡、死産
・曝露された人の子どもにおける低出生体重児
・曝露された人の子どもにおける先天奇形
・曝露された人の子どもにおける小児癌（急性骨髄性白血病を含む）
・神経行動異常（認知的、神経心理的）
・パーキンソン病を除く神経変性疾患
・慢性末梢神経障がい
・聴覚障がい
・呼吸器疾患（喘鳴または喘息、慢性閉塞性肺疾患、過敏性肺臓炎）

・胃腸疾患、代謝疾患、消化器疾患（肝臓の酵素の異常、脂質の異常、潰瘍）
・腎疾患
・免疫系の異常（免疫抑制、アレルギー、自己免疫疾患）
・循環器疾患（高血圧、虚血性心疾患、脳卒中を除く）
・子宮内膜症
・甲状腺機能低下症を除く内分泌異常
・眼の障がい
・骨の異常

（4）第四カテゴリー：相関性なしの限定的または示唆的証拠を持つ疾患
・父親がTCDDに曝露した場合の自然流産

一見してわかることは、直接、当該化学物質の曝露を受けた人では、血液系をはじめとした悪性腫瘍、高血圧や脳血管障がいなどの成人病や循環器疾患、糖尿病や甲状腺機能障がいなどの代謝疾患が第一および第二カテゴリーに分類されています。つまりこれらの疾患は枯葉剤曝露との間に信頼性をもって相関があって、その発症にダイオキシンが関与していると結論付けています。一方で、直接曝露された人においても多くの疾患が第三のカテゴリーに分類されています。これらについての結論は今後の研究に待つ必要があります。

私たちが最も関心を持つところの枯葉剤曝露者の子どもたちにおける疾患や障がいは、すべて第三と第四のカテゴリーに分類されています。疫学的検討ではダイオキシンは二世には影響を及ぼさないというのが結論です。素直には納得しがたい結論のように思えますが、この結論が示しているのはダイオキシンが、曝露された人の子どもたちに何ら影響を及ぼさないと断定しているわけではないということです。

そこには疫学的研究の限界というものがあります。一つは調査の難しさです。ダイオキシン曝露地域で生まれた子どもたちの親がどれくらいの量を曝露されたか正確に測定しにくいこと、人の移動が多く特定地域の全数調査が困難であることなど、調査そのものにかかわる制約が挙げられます。さらに、遺伝子や胚《はい》に影響を及ぼす物質は流産、とりわけ妊娠に気づかれるまでの早期に流産をきたすことが多く、生まれてきた子どもたちの調査では、事実を把握できない可能性があるからです。また極めてまれな障がいの場合には、統計的な差を見いだすことの限界が挙げられます。例えば結合双生児の頻度は、世界的には一〇万出生に一人と報告されています。仮にある地域で出生数一〇万人の中で五～六人の結合胎児が生まれても統計的には有意に多いとは言えません。それが統計学というものです。

4　生物学的メカニズム――ダイオキシンはどのように作用するか？

ここまで書いてきたように、ダイオキシンの二世への影響に関して統計的相関性の検討によっては結論が出せないということがわかりました。では一体、ダイオキシンは人の体に対してどういったメカニズムで作用するのでしょうか？　それがわかれば、ダイオキシンに曝露した人やその子どもたちに有害な作用を及ぼしうるのか否かという問題の結論に到達できるかもしれません。生物学的メカニズムの検討が疫学研究の不十分さを補強する役割を果たしてくれるかもしれません。ただし当然のことですが、毒性物質の作用メカニズムを検討する研究は、人を対象にすることは不可能です。これまで、ラット、マウス、モルモット、ハムスター、牛、サル、うさぎなどを用いた動物実験や培養細胞を用いて検討がされてきました。その結果、ダイオキシンの生物に対する作用機序がほぼ解明されてきました。今ではその分子メカニズムまで明らかになってきていますが、ここでは詳細については省略して結論の概要だけを紹介します。

その話を始める前に、一般に遺伝子の働きについて少し説明しておきます。人の細胞には約二万五〇〇〇個の遺伝子があるといわれており、その遺伝子が多数集まって染色体を構成します。遺伝子はＤＮＡという分子が数千個から数百万個連なった線状の物質で、これが遺伝情報のいわば設計図です。

この設計図に基づいて様々なたんぱく質がつくられて体が成長し必要な機能を果たすようになるわけですが、この遺伝子という設計図は直接たんぱく質をつくるのではなく、まず必要な部分だけが転記されてマニュアルのようなものがいったんできるわけです。このマニュアルからたんぱく質がつくられます。本来、受精卵も成体の細胞も同じ遺伝子設計図をもっているにもかかわらず、多種多様な形や働きを持った細胞が形成される理由は、指示に従って個々の細胞で、適切なタイミングで、求められる遺伝子のマニュアルがつくられるからです。こうして細胞が分化して複雑な構造と機能を持った成体に成熟していくわけです。したがって遺伝子＝ＤＮＡそのものが傷ついたり配列が乱れたりした場合、またマニュアルをつくるための適切な指示が出なかった場合や誤った指示が出た場合、例えば必要な細胞で必要な遺伝子が転記されなかった場合、またマニュアル通りにたんぱく質ができない場合などでは、先天的な異常が生じることになります。

さてダイオキシンの作用機序の話に戻りますが、まず一つ目にダイオキシンは遺伝子を構成するＤＮＡに直接影響を及ぼしません。一般に言われているように「ダイオキシンが遺伝子を傷つけて先天異常が生まれた」とするのは誤りです。二世に影響を及ぼすメカニズムとして、ダイオキシンが遺伝子を損傷するから遺伝すると考えると納得しやすいのですが、それはあり得ません。

一方で、マニュアルをつくるための適切な指示系統に影響を及ぼす可能性が指摘されています。直接ＤＮＡの配列に異常をきたさないので、「ジェネティクス」に対して「エピジェネティクス」なメカニズムと呼ばれています。今後の研究の焦点です。

二つ目に、ダイオキシンは発癌物質であることがわかっています。そのなかでもダイオキシンは発癌の最初の段階で遺伝子を損傷する役割、すなわち「イニシエーター」ではなく、いったん損傷を受けた遺伝子の癌化の促進因子、「プロモーター」であるとされています。

ある細胞が癌化するには、様々なプロセスがかかわっています。まず発端はＤＮＡが損傷されて癌化の一歩が始まりますが、異常な細胞を除去する機能や指示通りに分裂・増殖する機能の障害、無限に増殖する機能の獲得など、様々な段階を経て癌化していきます。ダイオキシンは、最初のＤＮＡ損傷ではなく、それ以降の種々のネットワークを乱すことがわかっています。前節で全米科学アカデミーがいくつかの悪性腫瘍とダイオキシンとの間に統計的相関ありと分類していることを紹介しましたが、生物学的メカニズムの研究はそれを補強します。

またダイオキシンは催奇形性を有します。つまり子宮内の胎児に作用して先天異常を起こします。ダイオキシンは、これまで検討された実験動物のすべてにおいて先天奇形を起こす危険性を有していました。ただし先天奇形のパターンはしばしば動物種による差異が認められており、人は感受性が極めて低い、すなわち奇形をつくりにくいと考えられています。これまで実験動物においてダイオキシンによるとされる水腎症、口蓋裂、生殖器奇形、神経生成の異常、先天性心奇形、腎臓と胚の発生異常などの先天奇形が報告されていますが、人では確認されたものはありません。そして実験動物の場合も、先天奇形をきたすメカニズムは今のところ十分明らかにはなっていません。

5　ダイオキシンは曝露された人の子どもたちに先天性異常をおこすのか

ここまでのところで、ダイオキシンの生物に対する作用について説明してきました。最後に、ダイオキシンが先天異常をもたらす可能性について考えてみたいと思います。

まずそもそも先天奇形はどうして起こるかということから始めます。先天奇形とは生まれつきの構造や機能の障がいのことで、遺伝的あるいは胎内の環境の影響が原因となるもののことです。生命に大きな影響を及ぼすほどの主要な先天奇形は生まれたときに診断がついて、全出生の二〜三パーセントといわれています。一方、生後一年以内にさらに五パーセント程度の先天奇形が診断されます。先天奇形を分類すると、遺伝子の異常に起因する遺伝障がいと、薬剤やウィルスなど種々の外因から子宮内の胎児に影響が及ぶことで生じる胎児障がいとに大別されます。実際には大部分の原因は不明です。遺伝障がいには遺伝子疾患や染色体異常、多因子遺伝疾患が含まれますが、前節で述べたようにダイオキシンは遺伝子には直接有害作用を及ぼさないこと、また妊娠中に曝露された場合の、外因としてのダイオキシンに対して人は感受性が極めて低いこともわかっています。したがって、本章の2節で枯葉剤曝露者の子どもたちに遺伝子疾患や染色体異常が見いだされたと書きましたが、上記の検討からはこれをダイオキシンが原因だとすることには無理があります。

唯一可能性があるのは、エピジェネティクスのメカニズムです。これは先ほども少し触れましたが、遺伝子発現と遺伝子安定性を調節するメカニズムと要約されます。DNA配列の変化と無関係です。そのメカニズムは、簡略化していえば、DNAが転写・翻訳されて実際に遺伝子地図に基づくたんぱく質が生成されるための制御機構です。胎内すなわち発生の臨界期においてダイオキシンに曝露することによって、遺伝子発現の異常をきたす可能性が検討されています。残念ながら、これまでのところ、エピジェネティクスの異常で表2に挙げた先天性疾患が生まれたという報告はありませんが、今後の検討を待ちたいと思います。

＊

ダイオキシンによる人体への被害について書いてきました。ダイオキシンに直接曝露した人たちに悪性腫瘍が生じることが疫学的にも生物学的にも確認されています。ベトナム戦争中に大量のダイオキシン撒布が行われてすでに五〇年経過し、曝露された人々が高齢化していくなかで、この問題は極めて深刻です。同様に高血圧、虚血性心疾患、脳血管障がい、糖尿病などの成人病もダイオキシンとの相関が指摘されており、生物学的にも因果関係を指摘する研究が多数報告されており、今後増加していくことが大変危惧《きぐ》されます。それだけを見てもダイオキシンが極めて有害な物質であることは間違いありません。枯葉剤など化学兵器の使用は絶対に禁止されるべきであり、それ以前に戦争というもの自体をなくしていくことが重要です。

その一方で、曝露を受けた次の世代の子どもたちへの影響に関しては、疫学的研究と生物学的検討の両者の到達からは遺伝障がいも胎児障がいも起こさない、というのが今の時点での結論です。現地からの報告や実際に見聞きした体験と科学的認識のギヤップを私たちはどう考えたらよいのでしょうか？　枯葉剤とは無関係に、実はどこの地域にもみられる先天性障害が、ベトナムでも見つかっているだけと考えればよいのでしょうか？

繰り返しになりますが、今の時点でこの疑問に回答を与えることはできません。しかしこれまで人類が経験した化学物質による人体への被害、例えば水俣病やサリドマイド薬害の解明の経過を振り返ってみると、因果関係の立証は常に後付けでした。被害者をはじめ現場からの報告が研究者を動かし、最後にメカニズムの解明へと至ったわけです。こうした歴史を見据えたとき、私たちにとって一番大切なことは、現場からの報告を真摯《しんし》に受けとめることだと思います。ヒューマニズムあふれるジャーナリストや研究者たちの発信は、貴重な情報として重視していく必要があります。

そしてもう一面として、科学的な検討の到達も冷静に踏まえておきたいと思います。遺伝や先天性疾患にかかわる研究は今も驚くべき速さで進んでいます。こうした研究の到達が大切なことを教えてくれる可能性は大いに期待できるでしょう。現場の実態と科学的判断の複眼的な視野をもってこの問題を見ていく姿勢が求められていると思います。

第3章　被害の具体的なケースから

――ベトナム現地での枯葉剤被害二世の社会的支援と調査研究

福島知子、藤本文朗

藤本は一九七九年、ベトナムを訪ね、現地の資料にもとづいて『戦争と障害者――ベトナムからの証言』（一九八一年、青木書店）を刊行し、枯葉剤が人体に与える恐れのある影響について警鐘を鳴らしました。『日本の科学者』などの雑誌でもその問題を紹介しました。同誌を発行する日本科学者会議は、一九八三年一月ホーチミン市で開かれたこの問題の国際シンポジウムに二人の代表を送り、「シンポジウム最終総括報告」[1]に賛同しました。

一九八五年、藤本が文部省（当時）の在外研究員としてベトナムを訪れ、結合双生児のベト、ドク（三歳）と出会い、特製の車いすを送るため「ベトちゃん、ドクちゃんの発達を願う会」を発足させ、この問題への研究活動やベトナムへの支援をすすめてきました。この会はベトとドクだけでなく、ベトナムの障がい児のため、ベトナムの障がい児教員養成コースをつくることに協力し、基本カリキュラムの作成と、実施にあたっては日本の専門家延べ一〇〇人が訪越し講義にあたりました。このことは『日本の科学者』でも報告しています[2]。そして枯葉剤被害者二世の現地調査を全日本民主医療機関連合の医師の参加、ベトナムのグエン・ティ・ゴック・フォン博士（先天性異常学の国際的研究者）とともに一二回行いました[3]。

しかし、枯葉剤（ダイオキシンを含む）と被害者二世の因果関係を明らかに示すことはできず、アメリカの科学者の理解を得るにいたっていません[4]。ただし第2章でも見てきたように、これは枯葉剤被害二世の障がいに、枯葉剤による因果関係がないということを意味しているとまではいえません。枯葉剤に被曝《ひばく》した人の子どもたちに多くの健康障がいが起きていることは、疑いのない現実でもあり、ベトナム政府が認定し支援をしている枯葉剤被害者には被曝した当事者の二世、三世もいます。

ドクさんの家族と藤本（2013年）

二〇一三年、寺本実らの社会的支援の研究[5]をふまえ、かつてアメリカ軍基地のあったダナン市・ドンナイ省で、枯葉剤被害者やその二世とみられる人々の症状、生活、支援について調査を行いました。以下はその要約です。

1　ベトナム戦争と現在――研究の背景

ベトナム戦争において、アメリカ軍による枯葉剤（ダイオキシンを含む）の撒布《さんぷ》が行われました。また、南ベトナム政府軍も、同政権が崩壊するまで枯葉剤の撒布を続けたとされています。同剤の撒布によって、軍関係者・民間人を問わず、非常に多くの人々が健康被害を受けました。その被害は現在も続いています。

これまで多くの人がこの問題に関心を寄せてきました。しかし、枯葉剤被害者が実際どのように生活を営み、被災者を取り巻く支援制度の具体的な内容とその変遷について十分な調査研究がなされているとは言い難い状況です。まして、枯葉剤被害者への社会的支援実践の報告はほとんど行われていません。第２章と一部重複しますが、この研究の背景についてふれたいと思います。

一九八七年、『サイエンティフィック・アメリカン』六月号に掲載されたスタンフォード大のバートン・バーンスタイン教授（当時）の論文により、アメリカの第二次世界大戦に関係する資料（アメリカ公文書館）が明らかになりました。その資料によると、日本（東京・大阪・京都など）に対しても農作物が育たないようにすることをねらった枯葉剤使用の計画（一九四五年五月に計画）があったことが判明しました。原子爆弾の使用が優先され日本が降伏したこともあって、この計画は未実施に終わりました。米軍による枯葉剤の使用計画はベトナムに限ったことではなかったと思われます。

二〇〇七年六月一八日、枯葉剤を製造したアメリカの化学会社を相手取った、ベトナム枯葉剤被害者協会（ＶＡＶＡ：The Vietnam Association for Victims of Agent Orange/Dioxin）と被災者による民事訴訟の控訴審がアメリカ・ニューヨークで開始されましたが、二〇〇九年、米連邦最高裁はこれを棄却しました。ベトナム戦争に端を発するこの問題は、当事者間でも過去のものとなっていません。報道によれば、ベトナムの枯葉剤・ダイオキシン被害者数は約四八〇万人に達し、被害者の子どもへの

表1　枯葉剤被災者扶養制度の主な内容

名称（法令の発効日）	首相決定26（2000/1/1）	首相決定120（2004/7/5）	革命功労者優遇法令（2005/10/1→2007/6/21補充）
①扶助金	○	○	○
②社会基礎（※）への受け入れ	○	○	
③医療保険	○	○	○
④資金の貸し出し	○	○	○
⑤子どもの教育支援		○	○
⑥政策対策者の埋葬費支援		○	○
⑦健康･労働機能の回復ケア			○
⑧補助具の支給			○
⑨子どもの雇用創出			○
⑩土地供与、貸し出し			○
⑪水回り支援			○
⑫税の減免			○
⑬労働義務の減免			○
⑭住居改修支援			○

出所：寺本実「ベトナムの枯葉剤被災者扶助制度と被災者の生活」『アジア経済』53（1）、（2012）、p10から転載
※社会基礎とは、日本の制度では生活保護制度と近い制度

影響など世代を越えた被害、生態系への影響といった未来への持続性をこの問題は含んでいます。

ベトナム政府が枯葉剤被災者の扶助に向けて動き出したのは、一九九八年四月三日の「首相決定74」が最初です。その後、二〇〇〇年二月二三日の「首相決定26」によって枯葉剤被災者扶助制度が成立。二〇〇四年七月五日の「首相決定120」、二〇〇五年六月二九日「革命功労者優遇法令」に枯葉剤被災者扶助政策が盛り込まれ現在に至っ

ていますが、制度の対象とされている被災者は、おおよそ三割程度であるといわれています[5]（表1参照）。

ベトナムの枯葉剤問題に関する先行研究（邦文・欧文・越文）は次のように四分類できます。

1　人体あるいは生態系への枯葉剤の影響について分類したもの

2　ベトナム人医師による医学的調査の翻訳文を基に展開したもの

3　枯葉剤使用の歴史的背景・使用撒布量・被害の状況をまとめたもの

4　ジャーナリスト的観点から被災者の状況を映像の力を用いて明らかにしたものなどです[5]。

藤本は、日本の全日本民主医療機関連合会に所属する医師と、ベトナムの医師の協力を得て、一九九五年以来、一二回の現地調査を行い、その成果を出版物に報告しています[2]。いずれも枯葉剤被災者の障がい児の生活実態を探る疫学調査でした。寺本実（アジア経済研究所：政治学）は、ベトナム各地域において「ベトナム枯葉剤被災者の生活」調査を行い、その成果を『アジア経済』（二〇一二年一月）他に報告しています[5]。しかし、被害者への社会的支援を軸にした事例研究はほとんど行われていません。

2　調査の概要

「枯葉剤・ダイオキシン被害二世の実態調査とその社会的支援」をテーマに藤本・福島が実施した現地調査の概要は次のとおりです。

①予備調査（二〇一三年三月）ダナン市

かつてのアメリカ軍基地の土壌改良の作業を行っている父の子どもに先天性骨異常が発生していたので、ダナン市のＶＡＶＡとツーズー病院の医師とともに在宅の枯葉剤被災児・者を訪問、聞き取り調査を行いました。ただ残念ながら、個人の健康状態の履歴を記したファイルが整備されていなかったため研究対象とすることを諦めました。

魚釣りなどが禁止されているビエンホア市の湖

②調査一（二〇一三年七月）ドンナイ省ビエンホア市

ドンナイ省はかつてアメリカ空軍基地もあり、枯葉剤撒布地域の居住人口がベトナム国内の各地域の中で一番多いと推定されることと、ホーチミン市に隣接することから調査地域としました。ドンナイ省のVAVAとツーズー病院の医師とともに、在宅の枯葉剤被災児・者を訪問・聞き取り調査を行いました。

③調査二（二〇一三年一〇月）ドンナイ省ビエンホア市

フン・デークアン県の平和村（障がい児の通所施設）を訪問。通所者一二五人の基礎資料を入手することができました。

3　被害者や家族の状況――調査結果の概要

（1）調査一

①知的な遅れが見られる二四歳の女性

診断は知的な遅れです。答えてくれたのはこの女性のお母さん（五〇歳＝当時。以下同様）でした。

お父さん（五一歳）はカンボジアへ出兵したことがあり、この当時は、建築業に従事していましたが、ダイオキシンの検査を拒否しているとのことでした。お母さんは、ダイオキシン検査結果によると、ダイオキシンとの関係が強く子宮癌《がん》と診断されていました。弟さん（一八歳）は聴覚障がいで、ドンナイ師範大学（聴覚障害）に在籍していました。

本人はベッド上で起座しほとんどの時間を過ごしているとのこと。欲しい物をベッドサイドに置いておかないと暴れ、ベッドから落ちるため、目が離せないとお母さんは言っていました。散歩の習慣はないとのこと。

全介助を必要としていましたが、お母さんは子宮癌ということもあり、金銭的に苦しいと訴えていました。お母さんもお父さんもドンナイ省で育ち、湖の近くでよく遊んだとのことでした。月に七二万ドン（約三六〇〇円）が国から支給されていました。

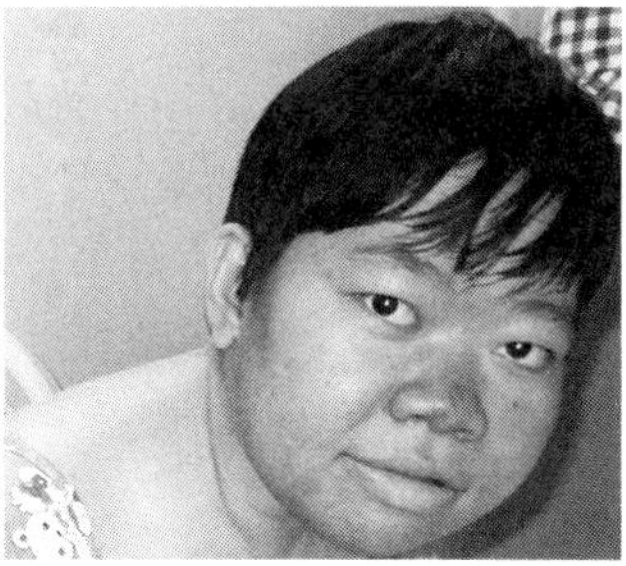

①の女性

②脳性まひと診断された三六歳の男性

お父さん、お母さんが答えてくれました。診断は脳性まひです。

両親と弟（三五歳）と妹、本人の五人家族。弟と妹

②の男性

（三一歳）は健康でした。妹は結婚し二人の姪《めい》（健康）がいます。お父さんは五八歳で、仕事はアルバイト程度。目が悪く、高血圧、関節痛他いろいろ不具合があるとのことでした。お母さんは五一歳です。

本人は、お父さんの作った車いす上で多くの時間を過ごし、車いす上でなんとか食事はできます。車いすへの移乗などは、両親を弟さんが手伝っているそうです。

困っていることは、家が借家であること。「自分の家があれば良いと思う」と語っていました。両親とも、現住所の近くで育ったそうです。昔は林が多く、枯葉剤がよく撒《ま》かれました。撒布の三〇分前に米軍からアナウンスがあり、撒布しているのをよく見たといいます。毎月、国から二三万ドン（一一二七円）が支給されています。障がいはあっても、一応、物事の理解ができることは嬉しいと両親は言っていました。

③脳性まひと診断された一八歳の男性

答えてくれたのはお父さん（五一歳）でした。診断は脳性まひです。

お父さんはかつてトラック運転手をしていたのですが、この息子さんの身体が大きくなり、お姉さんとお母さんによる介護が無理となったため、仕事を辞めて介護に専念していました。お母さん（五〇歳）は、朝、パンを売る仕事（アルバイト）に就いていますが昼間は仕事がありません。お姉さん（二三歳）は、「脳が弱い」とお父さんが言っていたものの、仕事に就いていました。

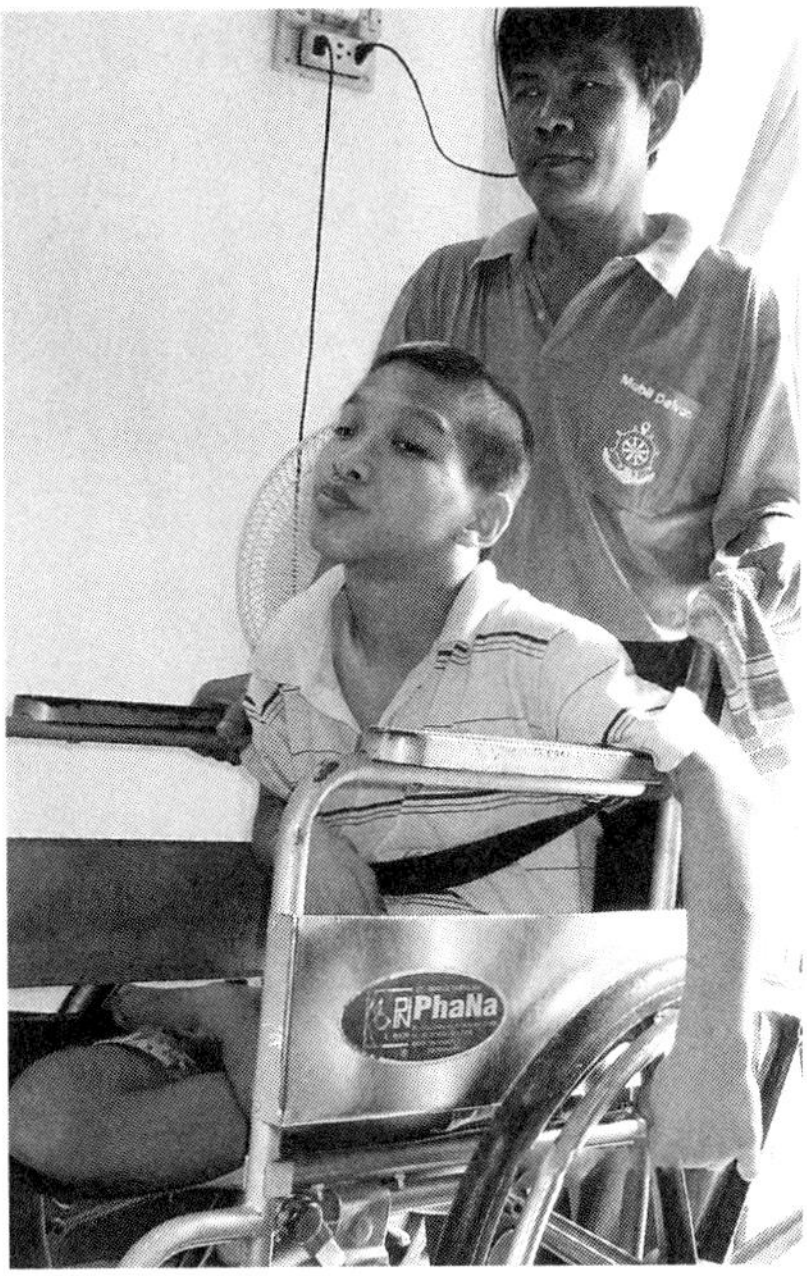

③の男性

この男性は二七〇〇グラムで出生し、当初、特に問題はなかったのですが、生後六か月で発熱し、その後発症したといいます。車いすでお父さんと公園に散歩に出掛けることを日課にしています。午前は朝食後、車いすで過ごし、昼食後、ベッドで午睡し、その後散歩に出かけるのです。排泄は知らせるとのこと。お父さんは、衛生問題（シャワー、排泄介助）が一番困ることであると言っていました。また、「うれしいことはない。自分が病気になったら代わる人がない。お母さんも体調が悪く介護は無理」と語っていました。

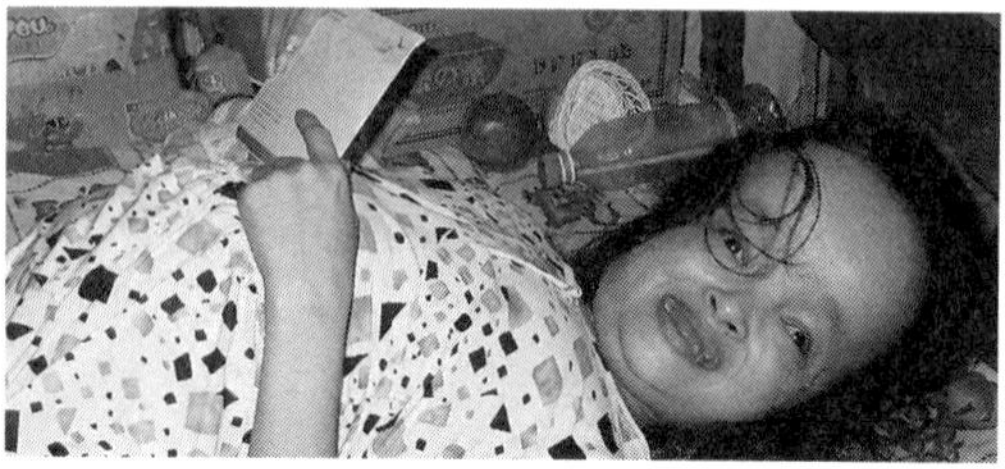

④の女性

④水頭症の四五歳女性

答えてくれたのはお母さん（六五歳）です。診断は水頭症※でした。

※水頭症は頭蓋骨に髄液《ずいえき》がたまり脳が圧迫されて様々な症状が出る病気です。日本では適切な診断と治療で改善できる病気です。

お父さんは軍人でしたが、本人が二歳の時に死亡し、お母さんは再婚し、長男、次女をもうけるも、その夫も亡くなったとのことでした。お母さんは本人の介護をしながら、近所に住む姉と、託児所（一室で六児童）と小さなよろず屋を営んでいます。本人は、「お母さんが元気であることが、一番良いこと」と言うそうです。お母さんが苦に思うことは、「娘に病気がいろいろあり、そのことが一番つらいこと」、「うれしいことは、夜、お寺にお参りし家族の健康のためにお祈りをすること」とのことでした。排泄は、オマルを使用し、排泄の意思表示をするとのこと。言葉の理解も問題はないとのことでした。食事は自立してできます。二か月前から、年金が支給されるようになりましたがその額はわかりませんでした。

※以上の四事例の診断は、同行のツーズー病院のニィー先生（小児リハビリテーション科副医長で、滋賀大学で学びつつ京都民主医療機関連合会で研修した経験もある）によるもの。

(2) 調査二

二〇一三年一〇月七日、ドンナイ省の七月の実態調査（調査一）に続き現地を訪ね

ドンナイ省のVAVA事務所で（中央は藤本）

ました。

それに先だって、藤本は、二〇一三年一〇月六日、ベト・ドク分離手術成功二五周年式典（ホーチミン市）に「ベトちゃん、ドクちゃんの発達を願う会」の代表として参加し、講演を行いました。この際、二五年前の分離手術の詳しい映像が映され、七五人のベトナム医師集団の力で成功したことにあらためて感動を覚えました。この手術の第一人者というべきフォン博士は、「ベトナム戦争は終わっていない。二世・三世の被害が続く。被害をもたらしたアメリカは、人道的支援（土壌改良）をせざるをえない世論になりつつある」と指摘されました。フォン博士も加わって藤本らと出版した英語版“Dioxin Unforgettable Responsibility! Viet & Duc and World Peace”（First News, 2013）は、この問題を欧米に発信する本でした。

さて、二〇一三年一〇月七日、まずドンナイ省のＶＡＶＡを訪れ、七月（調査一）に訪問した在宅児に日本の研究者（福祉用具）によって改良された車いす・マットなどを贈りました。ドンナイ省は、前述したように、ベトナム戦争でアメリカが撒いた枯葉剤が最も多い地域であり、アメリカ軍の基地があった所です。人口二九〇万人のうち、一万三〇〇〇人の枯葉剤被害児・者を政府が法的に認定しています。しかし、このことを知らない被害児・者も、その約三倍の四万人余りはいるとのことでした。枯葉剤被害児のための施設は一か所とのことでした。ここでは当時のドンナイ省の航空写真を手に入れることができました。

同日の午後、ドンナイ省フン・デークアン県の平和村を訪れました。同行した元筑波大学教授の石井詩都夫《しずお》氏は、「日本で言えば、知的障がいが二四人、聴覚障がい一人で、発達段階は二歳レベル以下と見込まれる。八割の子どもに発語がないが、表情も手ぶりも生き生きとし、豊かなコミュニケーションをもち、笑顔が美しい」と話しました。日本から訪問した障がいを持つメンバーの車いすを平和村の子どもが押してくれました。

ここで私たちは、二五人のカルテ（ベトナム語）のコピーを入手し分析することができました（表2参照）。これは不完全なものではありますが、貴重な一次資料であ

表2　平和村（ドンナイ省フン・デークアン県）通所者の基礎資料

番号	性別	生年月日	症　状 ドンナイ省の診療所の医師による診断 染色体による診断ではない	扶助費/月 (ドン)※	両親の生年 (父/母)
1	♂	2004/07/24	ダウン症	480,000	1964/1969
2	♀	1991/07/31	知的障がい　話せない･聞こえない･歩ける	240.000	1961/1969
3	♂	1995/02/05	知的障がい　歩ける	480,000	1968/1972
4	♀	1994	知的障がい	876,000	1955/1955
5	?	1978	下肢マヒ　歩くのが大変	240,000	1955/1955
6	♀	2006/01/04	四肢拘縮　歩けない	480,000	/1987
7	♂	2000/11/07	知的障がい　歩けない	360,000	1976/1975
8	♀	2006/12/21	知的障がい　歩けない	480,000	1980/1983
9	♀	1998/04/24	知的障がい　集中力が低い･神経(記憶)低い	360,000	1982/1981
10	♀	2000/04/05	知的障がい　集中力が低い･神経(記憶)低い	360,000	1982/1982
11	♂	1971	上肢拘縮　精神が安定しない	240,000	/1937
12	♀	2006/03/18	ダウン症　知的障がい	480,000	1959/1967
13	♂	2008/10/17	四肢拘縮　歩けない･指を貼付ける･離れない	480,000	1974/1979
14	♂	2007/03/15	知的障がい　話せない･肛門がない	360,000	1967/1970
15	♀	1990/11/08	四肢拘縮　歩きにくい	240,000	1965/1966
16	?	1993	四肢拘縮　食べにくい･歩きにくい･話せない	240,000	1965/1966
17	?	1988/06/05	四肢拘縮　歩きにくい	480,000	/1967
18	?	1995/07/09	知的障がい　歩くことが出来る	240,000	1948/1952
19	♂	1997/07/09	知的障がい　歩くことが出来る･覚える力が弱い	360,000	1965/1958
20	♂	1992/11/13	視力が弱い　四肢が弱い･歩きにくい	360,000	1959/1963
21	♂	2001/12/22	四肢が弱い　歩きにくい･話しにくい(舌の関係)	480,000	1972/1973
22	♂	2011/04/17	下肢拘縮　歩きにくい	?	/1983
23	♂	2001/09/	知的障がい　話しにくい	480,000	1967/1974
24	?	2003/07/16	知的障がい　話しにくい	480,000	1976/1974
25	?	2007/12/07	話せない･聞こえない･歩ける	600,000	1983/1986

出所：2013年10月7日の調査時に入手した基礎資料（カルテ）をホーチミン市小児病院T.T.H.Thu医師の協力を得て翻訳・分析

※10,000ドンは49円

※？としているのは、資料が整備されておらず正確に掌握できないもの

るといえます。それによると、①二五人中七人がダウン症（表2ではダウン症は二例ですが、この症例の写真を持ってホーチミン市の小児科医と討議し、その結果七人がダウン症であると分析）、②四人の家族が三世代にわたって枯葉剤被害者、③年齢は二歳から三三歳、国からの年金は、家族に月額九〇万ドン〜四五万ドン（四〇〇〇円〜二〇〇〇円）、④平和村への政府からの財政的支援は、五人の職員の月給のみで月額四八〇万ドン（二万円）、食事代などの施設運営費は地域の会社の寄付に頼っているとのことでした（日本の会社が工業団地に多く進出していますが、一社からも寄付はないとのことでした）。

私たちは、折り紙や万華鏡と少しのお金を寄付しました。この施設は通所（保護者が連れてくる）施設であり、通うことのできない重い障害者は在宅生活を余儀なくされ、政府の認定を受けていないとのことでした。

ベトナム政府は、社会保障法にもとづき、少ない金額ながら三世代の被害者に年金を出しています。このことは世界でも稀《まれ》なことといえます。

ドンナイ省フン・デークアン県の平和村

4　まとめと今後の課題

藤本は、本書の共同編者でもある小児科医師の尾崎望を中心としたチームとともに、一九九五年より一二回にわたりベトナム現地で主として疫学的調査に参加してきましたが、本章で報告した調査では、福島知子（社会福祉学）との共同研究で新たなデータを見いだすことができたと考えています。

①ベトナム政府は枯葉剤被害二世にも支援制度をつくるなかで（実際は該当者にその情報は三分の一しか伝わっていないといわれ、不十分さはありますが）、ドンナイ省の平和村での枯葉剤被害二世障がい児のカルテ（表2）を得てベトナムの医師（ホーチ

ミン市小児病院のトゥ医師。日本留学経歴有り）の協力を得て分析することができました。私たちの、枯葉剤被害二世に対するこれまでの調査（第2章表2＝四八ページ参照）に示したように、一〇九人の診断（尾崎医師）のなかで「多系統にわたる先天障がい」一二八名中、一番に多いダウン症児一七名の結果と、今回のドンナイ省平和村通所者二五名中七名という数字は、高い発症率という点では一致します。このことは今後のダイオキシンと障害児の因果関係の研究への資料を加えることができたと思います。

②これまでも、今後も、私たちは「足での現地調査」を、社会的支援の実態をふまえながらすすめていきます。ベトナムの一部からは多くの支援を期待され、それに応える努力をしつつあります。

③ダナン市、ドンナイ省のかつてのアメリカ空軍基地の土壌改良のなかで、その作業に従事している父の子どもに新たなダイオキシン被害二世児が出はじめています。ダナン市の在宅児の調査を行いましたが、今後の課題と考えています。

注および引用文献

（1）中村梧郎『母は枯葉剤を浴びた――ダイオキシンの傷あと』（新潮文庫、一九八三年）二五二〜二五四ページ。
（2）藤本文朗「ベトナムの障害児教育を〝足〟でさぐる」『日本の科学者』30(1)、四三〜四八ページ（一九九五年）。
（3）藤本文朗・桂良太郎・小西由紀編著『ベトとドクと日本の絆』（新日本出版社、二〇一〇年）。
（4）Dr. Nguyen Thi Ngoc Phuong・Prof.Bunro Fujimoto・Prof.Ryotaro Katsura "Dioxin Unforgettable Responsibility!　Viet & Duc and World Peace"（First News, 2013）
（5）寺本実「ベトナムの枯葉剤被災者扶助制度と被災者の生活」『アジア経済』53(1)、二〜三四ページ（二〇一二年）

※本章は『日本の科学者』二〇一四年八月号の福島知子、藤本文朗による論文に加筆・修正したものです。

第4章　平和教育は未来を開く

藤本文朗

1　日本の平和教育の流れ

昭和一〇（一九三五）年生まれで、小学校時代に第二次世界大戦の経験がある筆者（藤本）にとって、「平和教育」実践は、一九六〇年、大学で授業をやるようになってごく自然に行ってきたものです。大学において「障がい児教育」「教育心理学」「児童心理学」の科目の中で、歴史の部分でふれてきました。

一九八〇年頃、滋賀大学教育学部の教員仲間で、戦争を体験した教員、広島から来た若い教員など一〇人余りが一般教養の社会系科目として「平和教育」を立ち上げ、今日まで三〇年余り続き、約一〇〇〇名の学生がコンスタントに受講しています。教科書として『いま戦争を語る』（一九八四年、文理閣）を出しました。

こうしたことは、よく考えてみれば、教員養成系大学の教員として、当然すべきことであったともいえると思います。一九四七年に制定された教育基本法は、第一条

（教育の目的）で、「教育は、人格の完成をめざし、平和的な国家及び社会の形成者として、真理と正義を愛し、個人の価値をたつとび、勤労と責任を重んじ、自主的精神に充ちた心身ともに健康な国民の育成を期して行われなければならない」（傍点は筆者）と述べているからです。

戦後の日本の「平和教育」の実践は、平和憲法学習、原爆教育などを軸に進められてきました。教室内だけでなく修学旅行の中でも取り上げられてきましたし、学校だけでなく、社会教育においても、児童文学、漫画（たとえば「はだしのゲン」など）、映画（たとえば「火垂るの墓」など）などの鑑賞も含めて取り組まれてきました。一九六〇年代以降のフォークソングが反戦的な内容をとりあげたことがあったように、文化の領域も含め、平和や憲法九条を大事なものとする日本人、日本社会の観念は豊かな広がりを見せてきました。こうした傾向は形を変えながらも、その後も定着しており、それが九条改悪をねらう動きへの歯止めの一つになっているともいえましょう。

一般的に、「平和教育とは平和の創造を目的とする」（久保義三編『現代教育史事典』二〇〇一年、東京書籍）と定義されてきました。そのねらいは、①戦争の恐ろしさを知りそれを阻止する、②平和を築く力をつける、③平和な社会の展望を明らかにする、といわれています。

近代以降の日本は、明治期の台湾出兵（一八七四年）以来、日清戦争、日露戦争、韓国併合、そして中国やアジア・太平洋諸国への侵略などと、半世紀以上にわたる期間、海外派兵・植民地支配・侵略戦争の歴史を重ねてきました。なかでもアジア太平洋戦争は、二〇〇〇万人以上の諸外国の人々を殺害し、日本人も三一〇万人が犠牲となったたいへんな悲劇であり、日本はその身勝手な侵略と植民地支配をはたらいた国として、世界中から批判を浴びつつ敗北しました。

戦後日本の再出発はこの痛恨の歴史への反省抜きにはありえませんでした。諸国民の平和的生存権を確認し、国際紛争解決の手段としての戦争を放棄し、戦力を持たず国の交戦権も認めないという、他に例を見ないほど徹底した平和主義の日本国憲法（平和主義の内容はその前文と第九条を中心として示されている）を定めたのも、この反省を形にし実行するためでした。また、それは同時に、不戦条約（一九二八年）や国連憲章（一九四五年）といった、世界的な「戦争は違法である」という思想の流れに沿ったものでもありました。

筆者を含め、少なくない教育関係者が、戦後の教育実践の中で平和教育を自然に重視していった背景にはこういう歴史があったといえるでしょう。戦後教育のもとで学び成長した人々の価値観に、紛争の話し合いによる解決を追求し、戦争や武力行使を忌避する思いが強いのも事実ではないかと思いますが、それも大なり小なり平和教育とかかわっていると思われます。そうしてつくられてきた平和な国家、戦後日本社会のありようは、日本の目覚ましい経済発展の土台になりましたし、紛争の絶えない世界において、しばしば諸外国からも尊敬の目をもって見られるものでした。

筆者は、こうした状況のもとで、ベトナム戦争を一種の教材とする平和教育に――他の様々な平和教育と並んで――大事な意味があると考えています。すなわち、ベトナム戦争は、超大国アメリカの身勝手な侵略によって多くのベトナムの人々が傷つけられた悲惨な戦争であり、同時に、新聞や雑誌など多くのメディアがその様子を自由に報道することもできた戦争でした。したがってベトナム戦争によってベトナムの人々の人権、平和的生存権がいかに乱暴に踏みにじられたのかを比較的容易に知ることができます。

それは――ベトさん・ドクさんのケースに端的に示されているように――戦争が最悪の人権侵害であることを具体的な事実によって教えてくれますし、同時にそうした人権侵害に遭っても、人間は命のある限り、発達・成長する尊い存在であることも教えてくれます。こうしたことは、戦争というものを、個人の人権という観点から批判的にとらえる力になりますし、暴力や軍事力によってテロ問題や国際紛争を解決することはできないことを示唆するものでもあると思います。

また第6章でふれることになりますが、ベトナム戦争において日本は、侵略を行ったアメリカ軍の出撃基地を提供する立場にありました。二〇一五年に強行採決で成立させられた安保関連法のもとで、日本が「集団的自衛権」を行使してアメリカの戦争を支援することができるようになりましたが、この構図に似たものをすでに日本はベトナム戦争で経験していたともいえます。戦争を行う国を第三国である日本が支援するのが、いかに問題をはらんでいるのかを考える上でも、ベトナム戦争は重要な教訓を与えていると考えます。

筆者たちの平和教育の実践は、ベトナム戦争の恐ろしさを明らかにすると同時に、ベトさんとドクさんの笑顔の美しさ、それを支えてきた日本の子ども、若者のヒューマニズムについての実践です。以下、第2節は、主として映像や書物を通して行われた、大学、高中小学校、幼稚園、社会教育での実践についてです。

2　あらゆる機会をとらえた取り組み

(1)　DVD「がんばれベトちゃん、ドクちゃん」

筆者は、幼・小・中・高・障害児学校などの学校教育の場とPTAなどで、DVD「がんばれベトちゃん、ドクちゃん――二人の生命輝く日」を主に使って平和教育に取り組んできました。このDVDの中身は、次の通りです。

一九八一年二月二五日生まれのベトさん・ドクさんの生い立ち、筆者との出会い（四歳、結合双生児だった時代。ホーチミン市ツーズー病院の「平和村」で）、笑顔が美しい、結合しているにもかかわらず元気で活発な二人の姿、二人のための特製車椅子づくりをめざす「ベトちゃん、ドクちゃんの発達を願う会」の結成（一九八五年四月）、その募金集めなど運動の様子、米軍による枯葉剤撒布《さんぷ》、六歳の時に兄ベトさんが脳症（高熱）に罹《かか》った際、来日して日本赤十字医療センター（東京）で治療を受けた様子、ベトナム帰国後の分離手術の成功（一九八八年一〇月四日）に至る、二人の生命を平等に守るための取り組み。

映像の最初のあたりで、次のようなナレーションが流れます。筆者のモノローグです。

二月二八日の朝、私はツーズー病院の二階でベトちゃん、ドクちゃんに会った。看護婦さんとともに二人は、ワゴン車の上に乗せられて病棟の廊下を移動してきた。私が日本から用意してきたパンダのおもちゃを渡すと二人が取り合う。インスタントカメラで写した写真を渡すと二人で奪い合う。そしてカメラにも興味を示すので渡すと、二人でネジを回す。身体の不自由をカバーするに余りあるアクティビティ（活動力）といえよう。そしてワゴン車を利用して、なんとか二人で協力して歩こうとする姿は、「奇形」を感じさせない。

私はこの二人のために何ができるだろうか——思わずつぶやいて出たこの言葉を、

通訳が主治医のグエン・ティ・ゴック・フォン博士に伝えた。

「この子たちに合った車いすを日本の技術で作っていただけないでしょうか」「これまでにも、日本のいろんな人がベトちゃん、ドクちゃんに車いすを贈ってくれると約束してくれましたが、なかなか届かないのです。二人とも、一日一日、大きくなりますし……」

私は、日本人として恥ずかしい思いをした。そして二人の美しい目を見て約束せざるを得なかった。

この時フォン博士は、車いすと枯葉剤被害者のための抗がん剤の援助を求められました。筆者はその日、帰ったホテルで、数人の日本人商社マンと会い、たまたまベトちゃん、ドクちゃんの話になりました。筆者が二人の写真を見せたところ、彼らは、「……こんな子が生きている？　生きていても……」と、露骨にいやな顔をしたのです。

筆者はその反応に怒りを覚えました。どんな障がいを持っていようと、人間として生き、発達する権利を持っているはずです。「そのことを世界中の人々に理解してもらうためにも、ベトちゃん、ドクちゃんの発達を保障する車いすを贈ろう。海をこえたこの贈り物は、世界中の障がい者を励ますことになるだろうし、人間の連帯の証《あかし》となるはずだ」――筆者はそう考え、時とともに、怒りは、固い決意に変わっていきました。

DVD教材にはほかに、青年になったドクさんが日本の中学生とサッカーをした様子、ドクさんの結婚式、日本のニュース番組にとりあげられた「北に帰った枯葉剤」などの映像を収録したものもあります。

これらのDVDを見た後、私が一時間余りの解説的な話をします。印象に残る感想文を記します。

「こんなひどいことが本当にあったことを初めて詳しく知りました。ひどい!!」（大学一年生、女性）

「重症児のベト、元気なドクという結合双生児の分離手術、むつかしい手術の中で二人を平等に生かしてといった日本人の声が反映しての成功が印象に残った」（障がい児教育教師、男性）

「発展途上国ベトナムの学者が日本に来て、ダイオキシンの被害はベトナムだけでなく世界の問題といわれたことに目を開かされた」（小学六年生、女子）

「フォン博士が〝願う会〟の活動はお金に代えられないといわれたことばが心に残った」（PTAの親、女性）

DVDは映像ですから感覚的に訴える力が強く、見る人を感動させるのですが、忘れやすいという面もあり、感想文などを記して心に刻まないと評価できません。ある小学校の高学年では、戦争や枯葉剤を、ベトナムの自然（森や農産物）を破壊する環境問題ととらえてくれたことに筆者も感動しました。また、ある「荒れた」中学校で、DVDでの筆者の話を発展させ、文化祭の劇として、創造的な出し物にしてくれたこともありました。

（2）書物による認識の広がり

ベトとドクに関する本で最もよく売れたのは、松谷みよ子文・井口文秀画『ベトちゃんドクちゃんからのてがみ』（童心社、一九九一年）で七万部も売れたといいます。小学校低学年向けですが、けっこう難しい内容も含まれている児童書です。筆者も実名で出てきます。

筆者の教え子がこれをもとに紙芝居にしましたが、それを子どもたちに見せると、「かわいそう」「ひどい」などの声が寄せられ、関心の大きさを感じたそうです。ダイオキシン問題などは子どもには理解が難しいのですが、すぐにはわからない部分を残す教材も必要です。なおこの本を英訳し、高校生用の英語副読本とした“Cheer up, Viet and Duc!”（三友社出版、一九八八年）も二万部売れたそうです。

これは二〇一〇年代のことですが、ドクさんが来日して、華頂短期大学での授業外の講演で学生六〇人が参加し、ドクさんのサイン入りの『ベトとドクと日本の絆』（藤本、桂良太郎、小西由紀編著、新日本出版社）を八〇冊買ってくれたことがありました。おしつけでなく、読みたくなる導入と自主性が大切と感じました。

京都に住む筆者が、この五年間、京都に来る全国からの修学旅行生に、本や写真を使ってベトナムの話をすると、半数近い生徒が「知ってる、知ってる」といいます。筆者は長年「願う会」の活動をしていますので、テレビのニュース番組やドキュメンタリーにも出演したことが何度かありますが、それらを含め、ドクさんの映像を見たという人が少なからずいて驚きます。この反映が歴史、理科、化学の授業と結合することによって、さらに深められます。

なお、『ベトとドクと日本の絆』はベトナム・ホーチミン市のツーズー病院でも普及してもらっています。日本人のベトナム観光客のうち、同病院の「平和村」（総合産婦人科病院の中にある枯葉剤被害児六〇人余りのための施設）を見学に訪れる人で、枯葉剤被害者の実態を見て、この本を購入してくれた日本人も三〇〇人以上います。本を読んでくれた人は認識が深まると思います。

いずれにせよ、ベトさん・ドクさんのことを最もよく知っているのは日本人だといっていいと思います。そんなこともあって、ドクさんの息子さん、娘さんにはフジとサクラという名がつけられました（第1章参照）。

今、京都に来る外国人観光客に、私のつたない英語でベトさんとドクさんのこと、ベトナム戦争のことなどを伝えると、約三〇パーセントの人は知っていますが、その多くは五〇歳代以上です。ベトナムでは案外、ベトさんとドクさんのことへの関心は、若い人には少ないようです。分離手術成功については国の誇りと感じている人もいるようですが。

枯葉剤の被害について、最も理解してほしいのはアメリカの人々です。そのため、「願う会」は二〇一〇年、『ベトとドクと日本の絆』英語版の〝Dioxin Unforgettable Responsibility!：Viet & Duc and World Peace〟も出しました。残念ながら販路のないこともあって反応はあまりよくありません。アメリカはベトナム人における枯葉剤の被害（二世代以後）を裁判で、明確に認めていません（第2章参照）。ただ、枯葉剤汚染の土壌の処理についてはベトナムを支援しています。

（3）ある幼稚園での実践から

一九七一年から二〇〇八年まで大阪南部の市立幼稚園に勤務していた幼稚園教諭の方に、戦争と平和に関する教育活動について教えていただいたことがあります。大阪市立の幼稚園では人権教育に熱心で、反戦平和教育にも絵本やお話、紙芝居、映像などを通して取り組んでいます。毎年七月には、戦争の悲惨さを幼児によくわかるように伝えたり、話し合ったりしてきました。

一九八一年のベトちゃん・ドクちゃんの誕生からの成長の記録、分離手術のことなどは、当時の報道を見た保護者から聞いたりして子どもたちもよく知っていて、日常の教育の中でもよく話したそうです。松谷みよ子さんの絵本『ベトちゃんドクちゃんからのてがみ』は、特に九〇年代には何度も五歳児を中心に読み聞かせたとのこと。各家庭に貸し出すこともしてきたといいます。読み聞かせたときの様子を次のように綴《つづ》っておられました。

「みんな、目を点にして見入り、聞き入っていました。読み終えると、『飛行機で悪い薬かけたんやな』『雨みたいに濡れたんや』『赤ちゃんがかわいそうや』『お母さんもやで……』『戦争はあかん』『体がくっついたら動かれへんのとちがうか』『動くとき重たいんかな』『でも仲よしでよかったな』『治るんかなあ』などとつぶやいていました。」「園児の中に身体的な障害を有する子どもがいる場合は理解が深まるように配慮しながら取り組みました。」「私たちは、一冊の本で何かを教え込んだり、繰り返し念を入れて意味を説明したりはしませんし、絵本はそういうものではないと思っています。一人ひとりの子どもがそれぞれに何かを感じればいいと思っています。子どもたちのつぶやきには共感し、いつも大事にとらえてきました。」

この先生の世代はベトナム戦争や枯葉剤のこと、ベトさん・ドクさんのことは多くの人が知っています。分離手術の成功、ドクさんの結婚や赤ちゃんが生まれたこと、ベトさんが寝たきりの状態でとうとう亡くなったということなども知っていると思う、と述べておられました。

「でも、戦争体験を語る人が少なくなってきている今日、だんだんと戦争や平和についての関心が薄れてきているように思いますが、今の若者や子どもたちにはしっかり伝え続けなくてはと思います。特に教育に携わる人は、何よりも人間を大切にする人権教育を進めてほしいのです。教育は技能やテクニックではなく『心』だと思います。そのような人に触れた子どもたちは自ずと人を大切にすることを学んでいきます。私も家族や周りの人たちの中で、自分にできることで人を大切にすることに努めていきたいと思っています。」

これは、学齢期前の実践例ですが、たいへん貴重なものだと思います。現代における人権教育は平和教育という要素を必ず持っていると思います。

（4）若い世代の受け止め

小学校時代に『ベトとドクと日本の絆』を読む機会のあった、高校一年（本書執筆当時）の林万葉《かずは》さんは、近年、「願う会」の活動に積極的に参加してくれています。万葉さんは、「ベトナム戦争って昔のことでしょう?」「枯葉剤ってネット閲覧危険のサイトで見たけど気持ち悪い」などという人がいたらどうすればいいのだろう、ということに意識的です。そういうことを言う人がいたら、ベトナムのツーズー病院に連れて行き、今も枯葉剤に苦しむ多くの人に会わせ、ホルマリンに浸けられた枯葉剤の犠牲となった小さな命を見せたいと思っていると言います。

「人間の命を、しかも赤ちゃんという尊い命を自分の命に置き換えて向き合ってほしい。産まれた子どもを見たときのお母さんの気持ち。枯葉剤の影響を受けた人たちが出産をし、元気な子どもが産まれたときの安堵と後ろめたさ。

私は悲しい。悔しい。

命は国なんて関係ない。想像して考えてほしい。たった今も枯葉剤に苦しみ不安に生きる人がいること。」と万葉さんは綴っています。

彼女がベトナム戦争について初めて調べたのは、小学校六年の修学旅行前の平和学習の時だったそうです。ご両親がベトナム戦争について教えてくれ、ベトさんとドクさんのこともそこで知りました。彼らの姿を見て、驚きや恐怖ではなく「笑顔の普通の男の子たち」だと思ったそうです。ご両親は万葉さんのために『ベトとドクと日本の絆』を買ってくれました。

ただ彼女が、ベトさんドクさんのことを自由研究にしたいと言った時、お父さんは万葉さんに、「そんなの発表したら、変な子だと思われるよ」と忠告したそうです。しかし結局、彼女はその自由研究を行って発表しました。『ベトとドクと日本の絆』を読みながら万葉さんは、「小さいころのベトさんとドクさんと友達になった気になった」そうです。「私の想像の中では二人は笑顔だった。」

万葉さんは筆者たち「願う会」に対し、ベトさん・ドクさんたちのことを夏休みの自由研究にしていいかどうか問い合わせる手紙をくれました。たまたまドクさんが来日することが決まっていたので、「願う会」からは万葉さんに、ぜひ自由研究のテーマにしてほしいこと、「ドクさんが来日するので会ってみませんか」ということを伝える返事を書きました。万葉さんはそれにこたえてくれました。彼女は、次のように綴っています。

「(ドクさんは) たしか、東日本大震災の被災地の激励でいらっしゃったと思う。緊張して会いに行った私の前に、大人だけど笑顔はそのままなドクさんがいた。私が少し悲しかったのはベトさんがいなかったこと。

私は自由研究をまとめて発表した。枯葉剤と結合双生児のことは小学校で話題になった。同級生だけでなく大人の人が真剣に見てくれ、一緒に考えてくれた。それは私の自信にもなった。」

自由研究にベトナム戦争、ベトさん・ドクさんたちのことをとりあげたことで、万葉さんをからかうような同級生もいたそうです。そのことは「つらかった」ともいいます。彼女は「でも、ベトナム戦争や平和、枯葉剤、そういうことを口にするのはやめなかった。今もたたかっている枯葉剤の被害者や、『ベトちゃん、ドクちゃんの発達を願う会』の方々の思いは正しいと思っていたからだ。」と述べ、次のように綴っています。

「受験に追われていた中学三年の歴史の (授業の) とき、ベトナム戦争 (の話) になった時、私と同じ小学校だった友達が、枯葉剤やベトさん、ドクさんのことを覚えてくれていた。私はうれしかった。からかわれたことなんて、どこかへ消えていった。これは今もだけれど、人に枯葉剤について説明することはとても難しくて、人の心に私の気持ちを全部伝えることはできなかった。せっかくチャンスなのにじれったかったし、悔しかった。もっときちんと伝えたい。私に必要な勉強の一つだと今も思っている。

私の小さな声でも届くと教えてくれたのは成長と時間だったけれど、私はベトナム戦争の悲劇と枯葉剤の恐ろしさを風化させるのは間違っていると思う。」

「戦争という大きなことで見るのではなくて、今も今日も苦しんでいる人がいる。その人にも家族や友達がいる。ベトナムという国は変わると思うし、戦争を知らない人もだんだん増えていくと思う。でも、この悲劇を繰り返さないためにダメなものはダメって言えるように、私はこれからも声を上げていきたいです。

ドクさんの笑顔とふじ君とさくらちゃんの笑顔に出会えたことに私は心から感謝している。ベトナム戦争や枯葉剤について知らずに通り過ぎる道もあったのに向き合わせてくれたこと。」

万葉さんは、この一連の出来事を通し、「私がしたことは間違ってなかった」と感じています。小学生であっても、その感性や知性は、戦争と平和、人権の問題を、自らの問題として受け止め、考える力を持っているといえるのではないでしょうか。もちろん、人によって問題への接近の仕方は様々ですが、万葉さんの例はその一つとして大事なことを教えているように思われます。未来に生きる子どもたちは、平和で人権が守られる社会を、切実な思いで希求しているのではないでしょうか。私たちの社会の未来の希望も、こうした次の世代に対する平和教育の中から生まれてくると考えます。

第5章　子どもたちと考える戦争・平和

山田　孝

平和教育に関して小・中学校で私が企画した実践を紹介します。私は滋賀県の学校に勤務しています。初任が琵琶湖の東にある近江八幡市でした。毎年夏休みには平和集会を各中学校で行う市で、平和教育は当たり前のように特設授業が組まれていました。また、自分の教科である英語の教科書には“Mother's lullaby”や“Muchan”といった平和教材があって、生徒たちと一緒に暗誦したり、絵本を作ったりしました。私の教育実践の中で平和教育は中心的な存在といえます。

一九九〇年代のはじめ頃から、特に環境問題を中心に「持続可能」という言葉を聞くようになりました。後に持続可能な社会を実現するためには、何も環境問題だけではなく、人権や平和、貧困といった問題も加えてグローバルに考えられる人材を育成する教育が提唱されていきます。確かにこれらの問題の中で、「持続可能」という考え方の最も対極にあるのが戦争だといえます。戦争は障がい者を作るだけでなく環境を破壊し、人権を踏みにじり、貧困を生みます。

私が初任の頃から行ってきた平和教育こそが、いま求められているＥＳＤ（持続可能な発展のための教育）に深くかかわっていける教育であると考えています。管理職として仕事をするようになった今でも、平和教育を中心にとりくみをすすめています。

この章では、彦根市立若葉小学校勤務時代に行った被爆樹のとりくみと、現任校である鳥居本中学校での、『ウルトラマン』を題材としたとりくみを紹介します。なお、若葉小学校の実践は私が企画したものですが、転勤後は若い担任たちが引き続き実践したことも含めて紹介します。

1　被爆桜、被爆アオギリとともに――若葉小学校での実践

まず彦根市の中央部に位置する若葉小学校での実践です。若葉小学校は新興住宅街のみを校区とする小学校で、当時の彦根市長が、学校公園化構想の名の下、町のシンボルとなるような学校にという願いを込めて建設しました。開校当時は、四〇種四〇〇本の樹木が植えられ、樹木の間に小道を作って休日は新しく転居してきた人たち

が散歩できるように設計されています。

植えられた樹木はすべてが幼木であったため、一人ひとりが自分の樹木を設定して、水やりから施肥までのとりくみをしました。合わせて、樹医から樹木のことを学び、樹木を中心とした総合的な学習の時間を設定し特色のある教育を行っています。修学旅行先の奈良公園で、「あ、ここにはナンキンハゼが植えられている」とか、彦根城に行っても、「いろは松は根が広がらない土佐松を使用していて、土佐藩から移植されたものである」といった学習をするのです。

そして平和教育も樹木で行っています。ここでは若葉小学校で取り組む平和教育について述べます。

(1) 被爆桜と被爆アオギリ

二〇〇九（平成二一）年四月、広島県にある私立安田女子中学・高等学校のとりくみが新聞で報道されました。「世界中で咲いて　被爆桜」という見出しがつけられた記事でした。安田女子中学・高等学校には、被爆したソメイヨシノがあり、すでに寿命といわれている六〇年が過ぎているので、接ぎ木で二世を作って世界に広げたいという内容でした。

「桜が咲く姿から、広島に原爆が落とされた事に思いをはせ、歴史を学ぶきっかけにしてもらいたい」という願いと、「被爆の歴史を前向きに、生命の素晴らしさとして発信できないか」という考えのもとにとりくみが始められたと記事にありました。その記事を読んだ当時の総合的な学習の時間の主任が連絡を取り、被爆桜の接ぎ木を一本送ってもらいました。


被爆桜について触れます。広島市市民局国際平和推進部平和推進課作成『ポケット版ヒロシマ平和情報　被爆樹木編』には、

「一九四五年（昭和二〇年）八月六日、一発の原子爆弾により、市内の多くの樹木が焼き尽くされ、戦後七五年は草木も生えないといわれました。

そうした中、被爆の惨禍を生き抜き、焼け焦げた幹から再び芽吹いた被爆樹木は、市民に生きる勇気と希望を与えました。現在でも爆心地から概ね半径二キロメートル以内の五五カ所に約一七〇本の被爆樹木が残っています。」

と記されています。この定義によって被爆樹がリストアップされ、『広島市‐被爆樹

リスト』（広島　市民局国際平和推進部　平和推進課）が作成されました。リストによると被爆樹は三一種を数え、被爆桜であるソメイヨシノもその中に含まれています。

若葉小学校に届けられた被爆したソメイヨシノ（以下、被爆桜と表記）に話を戻します。安田女子中学・高等学校は爆心地からおよそ二キロメートルに立地します。被爆当時は陸軍兵舎でした。その跡地に学校が建設され、そのまま被爆桜を引き継いでおられます。

ソメイヨシノの寿命は六〇年とも七〇年ともいわれています。真偽のほどはわかりませんが、あまり長くないと考えられていることは事実で、安田女子中学・高等学校は戦後六〇年を迎える頃から、学校に伝わる被爆桜を残す計画を始めました。

ソメイヨシノは江戸時代に作られた園芸品種で、花は咲きますが種を作りません。稀に種をつけますが、これを植えても先祖返りしてソメイヨシノにはならないのです。したがってソメイヨシノを増やす方法は、挿し木か接ぎ木しかありません。日本中のソメイヨシノはクローンということになります。同じ遺伝子を持っているから同じ条件で一斉に花をつけるので、春の一時期に咲き誇りソメイヨシノは見る者を楽しませてくれるのです。

安田女子中学・高等学校では接ぎ木によって増やす試みをされました。ソメイヨシノの接ぎ木はかなり難しく、素人にはなかなかうまくいきません。専門家の指導を仰ぎながら何本かが苗木として作られ、被爆桜二世として交流のある学校に配られたそうです。若葉小学校のように記事を読んで希望される学校もあったと思いますが、桜のことですからあまり枝を切ることをよしとしません。一年間に作れる苗木には限りがありますが、被爆桜を世の中に広げるとりくみを地道に続けておられます。

平成二一年は苗木を二〇本つくられました。交流している学校に配られ、残りの八本は学校に残されました。その中から無理を言って一本分けていただきました。被爆桜について資料を探しましたが、被爆樹として絵本などになっていたのはエノキ、クスノキ、アオギリしかありませんでした。そこで、次の観点で教材をつくることにしました。

若葉小学校は毎朝の水やり活動を「樹にあいさつをする」と言っています。児童の中にどの程度この考え方が浸透しているのかはわかりませんが、高学年の児童でも木の枝を折るときには「ごめんなさい」と言って折っている姿を何度も見ているので、樹に話しかける行為は日常のことと考えられます。登場人物が被爆桜とお話ができる

「笑顔のプレゼント」授業風景

という設定にしました。

そして、安田女子中学・高等学校の生徒会長の言葉を主題としました。生徒会長の言葉を紹介しておきます。

「……平成一九年秋、当時の生徒会執行部はこの『被爆桜』が本校に存在することの意味を考えてみました。……この桜の命を後世に伝えていくことが、ヒロシマに生きる自分たちの使命であり希望であるという思いに至りました。一人でも多くの人にこの桜の美しさに触れ、生きていることの喜びを感じてほしいと思ったのです。

……毎年、この桜の下には、記念撮影をする新入生の明るい笑顔があります。桜には、人々を笑顔にする力があります。私たちは、この桜とともに、全国に、私たちの平和に対する夢と希望を発信したいと考えています。」

この考えを基に「笑顔のプレゼント」というタイトルの教材を作成しました。少し長いのですが、全文を掲載します。

「笑顔のプレゼント」


「絵美ちゃん、おはよう。」

「おはよう、由美ちゃん。今日から中学生だね。」

「ねえ、どこかで入学の記念写真を撮《と》ろうよ。どこがいい。」

「ほら、さっきからあの桜の木の前で、たくさんの人が写真を撮っているよ。私たちもあそこで撮らない？」

「いいね。ねえ、お母さん。記念写真、撮ってよ。」

「由美ちゃん、満開の桜を見ている人って、誰もが笑顔だよね。」

「あれ、この桜の木の横に、立て札があるよ。」

「ほんとだ。『被爆桜』って書いてある。」

「ヒバクザクラ?」

(絵美ちゃん、由美ちゃん。おはようございます。あなたたちは気づいてくれたのね。ありがとう。)

「え、絵美ちゃん、今、何か言った?」

「由美ちゃんも、聞こえたの? 誰だろう。」

(ごめんなさい、驚《おどろ》かせて。私は、あなた達の前に立っている桜の木です。)

「被爆桜って書いてあるけど……。」

被爆桜はゆっくりと、そのわけを話し始めました。

第二次世界大戦の頃、この学校の辺りは、兵舎《へいしゃ》といって兵隊さんの暮らすところでした。兵隊さん達も春になると、私を見て楽しんでくれたり、夏の暑い日には木陰《こかげ》で休んでくれたりしていました。私は、いろんな人の役に立ててとてもうれしかったのです。

ところが、一九四五年八月、広島に世界で初めて原子力爆弾が落とされました。熱と爆風《ばくふう》で建物は飛び散ってしまい、たくさんの兵隊さん達は死んでしまいました。私も、黒く焼け焦《こ》げ、長い間意識《いしき》を失っていました。ずいぶん時間がたって、気がつくと、誰かが私の前で、

「一日も早く、学校を作り直したい。早く生徒達に勉強できる場所を作ってあげたい。」

と、何人かの人たちが話をしていました。この学校を作った人たちです。

間もなく、兵舎のあとに学校が出来ました。ここの生徒さんが、黒く焼けこげた私を見て、心配そうに毎日水をくれました。枯れているかもしれない、水をやっても無

駄かもしれないという声が時々聞こえてきました。それでも、地面がかわくと私に水を持ってきてくれました。

やがて冬になり、次の年の春に、私も精一杯《せいいっぱい》の力を込めて、いくつか花を咲かすことができたのです。生徒さんは、

「良かった。ほら、ちゃんと生きていたでしょう。」

「ほんとだ。被爆桜、がんばったじゃない。」

と言って、抱《だ》き合って喜んでくれました。生徒さんたちが喜《よろこ》ぶ姿を見ると、生きているのかどうかも分からないのに、一生懸命《いっしょうけんめい》毎日お世話をしていただいたことに、恩返しが少し出来た気がします。その時から、被爆桜と呼ばれるようになりました。

毎年、たくさんの入学生が私と一緒《いっしょ》に写真を撮って行きます。私は、新しくこの学校にやってくる人たちが、にこにこしながら私の前で写真を撮ってくれるのがうれしいのです。

「おはよう。何してるの？　ひょっとして、あなた達も、被爆桜の話を聞いていたのね。」

「え、どうして分かるのですか。それに、あなたは、……。」

「あ、ごめんなさい。私は、この学校の生徒会長をしている金《きむ》と言います。ここは、原爆の爆心地から二・一キロメートルで、いろんなものが焼けてしまったけど、この桜はよく頑張って生き残ったの。私達は『被爆桜』って呼んでいるんだけど、この学校の生徒でも被爆桜のことをよく知らない人が多いのよ。すごく興味を持った人にはこの桜の声が聞こえるみたい。私もその一人。桜の寿命《じゅみょう》からすると、かなりのお年寄りなので、私は何とか被爆桜の子どもを増やして、世界中の人たちに、原爆のことや平和の大切さを知ってもらいたいって思っているの。だから、専門家の先生に教えてもらって接ぎ木っていう方法で被爆桜の子どもを増やしているんだよ。桜の花って、私達に笑顔をプレゼントしてくれるような気がするの。」

「あ、それさっき、絵美ちゃんも言ってたね。」

「満開の被爆桜の花を見ていると、平和っていいなと思うのね。これってきっと誰もが同じように思ってくれるんじゃないかな。私がこの学校にいる間に育てられる苗木は少ないけど、新しく入学してくる人たちがこの活動を続けてくれたり、この木をもらってくれた学校が、同じように増やしてくれたら、日本中に、いいえ、世界中に原爆に耐《た》えて生き残った被爆桜の子孫がたくさんの人たちに笑顔をプレゼントしてくれて、きっと誰もが平和っていいなって感じてくれると思うんだ。ねえ、あなた達も一緒に育てませんか。」

こうして育てられた被爆桜の子どもが、若葉の森にも届けられました。

(発問)
焼けこげた桜を世話した人たちはどんな思いだったでしょう。
どうして絵美ちゃんと由美ちゃんは桜の声が聞こえたのでしょう。
あなたは届けられた被爆桜の子孫をどんなふうにしたいですか。

子どもたちからは、「真っ黒に焦げた桜が生き返って良かった」「桜の花を見た人たちが勇気づけられた」「枯れているかもしれないのにあきらめずに世話をした人たちがすごいと思った」というような感想が続きました。

その年の一〇月一六日に校庭に定植し、平和を願う集会を行いました。その後、六年生児童は卒業を前に自分たちの思いを下級生に伝えるための集会で「笑顔のプレゼント」を低学年にもわかるようにアレンジし「笑顔の桜」と題を改めて、劇と紙芝居にしました。自分たちの卒業後、残った者で大切に育ててほしいというメッセージを贈ったのです。

翌年の春、何輪か花を咲かせました。「笑顔の桜」を聞いた児童は、まず自分の樹にあいさつに行き、水をやって、水が残ったら被爆桜へやってくるという活動を続けています。毎日違う児童が水やりをする姿を見ていて、この子たちは、少なくとも水やりをしている間は平和であり続けることを願っているだろうなと感じます。被爆樹への水やりが平和を願う心を育てるかどうかはわかりませんが、若葉小学校の児童に好きな木の調査をすると、「被爆桜」と答える児童が少なからずいます。できたらこの活動を市内の小学校や幼稚園に広げたいと強く思いました。

紙芝居になった「笑顔の桜」

しかし、ソメイヨシノを小学生たちが接ぎ木で増やすことは難しく、平和の樹として広げていくことは困難なことです。そこで出会ったのが、被爆アオギリでした。

旧広島逓信局で被爆し平和記念公園に移植されたアオギリについて、「世界中に平和の種をまきたい」と題して運動されていた沼田鈴子さんの文章を紹介します。

「アオギリは私の勤めていた逓信局の運動場に四本成長していたのです。常に休憩の場所にし、仲間と共に楽しんだ樹が、あの朝、熱線で焼け、三本が生き残りました。七〇年間、広島には草木も育たないという噂がたちはじめ、その事は私の耳の底にずっと残っておりました。戦後はじめて出会ったアオギリの樹は、三本とも、それぞれにヤケドの傷を持ちながら細い枝をだし、小さな葉をつけていたのです。その姿をじっとみつめている中に、自殺への思いを生きることへの思いにアオギリの樹が教えてくれたのです。それは私の立ち上がりへの力でした。被爆した建物も一九七三年に、八階建に建て替わるため、運動場も建物になるため、平和公園の現在地に移植をされました。」（広島の心を伝える会『被爆者の証言』より）

下級生に被爆桜について伝える子どもたち

沼田鈴子さんに生きる希望を与えた被爆アオギリは、多くの人たちによってその二世、三世が日本の至る所で育てられています。

アオギリは葉が桐に似ていて幹が青いところからこの名前がつけられています。中国原産で暖かい地方によく育つ落葉高木樹です。朱子「偶成」の「少年易老学難成」の後に「階前梧葉已秋風」とありますが、ここに出てくる

「梧葉」がアオギリの葉です。種子で増えるので、簡単に増やすことができ、広島平和記念公園には旧逓信局から移植された被爆アオギリが今でも枯れずにあって、毎年たくさんの種をつくっています。その種は広島市が一括管理されていて、売店で買い求めることができます。

また、広島市は被爆アオギリの種子から被爆アオギリ二世の苗を育て、修学旅行などで訪問し希望すれば苗木をわけてくださいます。少々寒い地域でも元気に育ちますから、日本中の至る所に被爆アオギリの子どもたちが育ち、被爆アオギリのお母さんは広島で平和記念公園を訪問してくれることを待っています。平和記念公園の被爆アオギリの前に立つと、二〇〇〇年に公募しグランプリを獲得した『アオギリの歌』(作詞・作曲／森光七彩)を聞くことができます。

若葉小学校には、鳥取県で被爆アオギリを広げる運動をされているピースクロスという団体の方から種をいただきました。そんなとき、若葉小学校に藤本文朗先生が来られ、定植された被爆桜を見て、「これは興味深いですね。もうすぐドクちゃんに赤ちゃんが生まれます。ドクちゃんはベトナム戦争で使われた枯葉剤の被害二世、今度生まれてくる子どもは三世です。この桜は第二次世界大戦で使われた原爆の被害者の二世です。同じ戦争被害者の二世として出会ってほしいものです」と話されました。

その後、藤本先生には若葉小学校の児童にゲストティーチャーとして授業をしていただき、ＰＴＡ研修会の講師として保護者にもお話をしていただきました。

翌春、ドクさんは生まれた双子の赤ちゃんを連れて若葉小学校にやってきました。この年は、被爆桜は花芽をつけたものの全く咲かず、せっかくドクさんが会いにきてくれても花を見てもらえないかもしれないという状況でした。二〇一一（平成二三）年四月一五日、ドク

被爆桜の前でドクさんと子どもたち

ドクさんと交流しました

さんたちが若葉小学校にやってくる日の朝、僅《わず》かに二輪蕾《つぼみ》が膨らみ始め、ドクさんたちがやってきたお昼前に花を咲かせました。

双子として生まれたドクさんと彼の双子のお子さんに、若葉小学校の被爆桜は双子の花を咲かせて迎えてくれました。そのことに見えない力を感じたものです。児童たちもこの不思議な出来事と、ドクさんを迎えて平和集会を持てたことに大きな感動を覚えたようです。

ドクさんは若葉小学校で校区内の人たちも招いた講演会に講師としてお話をしていただきました。児童の前で代表の子と得意のサッカーもしました。小学生の発達段階に合わせ、一緒に給食を食べ、一緒に遊び、平和についてお話を聞くという活動に加えて、この日、五年生児童の用意した活動が、被爆アオギリの種を蒔《ま》くということでした。

（2）学んだことを発信する

この年、東北地方を中心に東日本大震災がありました。福島第一原発で津波によってメルトダウンが起こり、放射能汚染が広範囲にわたりました。福島の子ども達が全国に避難し、若葉小学校にも一人の男の子（以下A君）がやってきました。ここからは平和教育に加えて、同じ原子力による被害のことを学んだ五年生児童による二年間のとりくみを紹介します。

樹木学習を中心に総合的な学習の時間を構成する若葉小学校は、まずアオギリの樹木としての特性や生育について学習をします。その上で、被爆アオギリの歴史、被爆アオギリに関わってきた人々の願いや思いなどを学習しました。被爆アオギリを通して平和の大切さについて訴えておられることから、活動への思いや願い、ご本人の生き方にふれ、今後の自分たちのとりくみへの思いを高めることができたと思います。

被爆アオギリの歴史を学ぶ中で、一九四五（昭和二〇）年八月に広島で何があったのかを調べ、さらに戦争について滋賀県平和祈念館へ行って学びを深めました。語り部のお話や展示物などから、戦争の悲惨さや復興への力強い生き方などを学び、平和の大切さを自分たちも発信していこうとする意識を高めました。当日、見学に来ていた年配の方に、当時の生活の様子や想いを聞くために、自ら声をかけて聞き取る子もいました。また、滋賀に新しく開館した平和祈念館に、自分たちの思いを伝え被爆アオギリを贈呈し、植樹しました。

被爆アオギリを中心に原爆のことや第二次世界大戦のことを学習し、平和の大切さを学んだ子どもたちは、そのことを多くの人たちに知ってもらう取り組みを行いました。その一つ目が子ども国会での発言です。

福島県から一時避難してきたA君は二か月で福島県へ戻りましたが、その後も手紙を通して交流を続けました。一緒に播種した被爆アオギリを育てることを通して、福島のA君とのつながりを児童は強く感じていました。そんな折、参議院で開かれた「子ども国会」で発言する機会を得ました。A君との関わりから学んだことや被爆アオギリに込められた思いを伝えるとともに、みんなが笑って過ごすことができる平和な世の中を願う心を被爆アオギリに託して、全国から参加した子ども議員に発信しました。

子ども国会には、福島県へ帰郷したA君も駆けつけてくれました。二か月ともに過ごした仲間の姿、A君のことを含めた発言を国会で聞いてくれました。また、一緒に植えた被爆アオギリの苗を贈りました。自分たちの思いを更に多くの人々に伝えようと、衆、参両議院の議長にも会い、平和と復興への願いを込めた苗木を贈りました。

贈った三本の苗木は、福島県の小学校、両議長公邸へ植樹していただくことになりました。

子ども国会で発言し、福島の友だちに再会した児童は、次のように感想を言っています。

「家族と離れ、故郷を離れ、つらいはずなのに私たちは、笑顔のA君に勇気づけられました。時々弱音を言っていた自分も少し強くなれたように思います。苦しい時こそ、その笑顔が強さに変わると教えられました。優しいA君の笑顔と、平和の大切さを伝えてくれる被爆アオギリが重なって見えました。

被爆アオギリを育てることを通して、福島のA君の笑顔を忘れず、日本中が平和で笑って暮らせる世の中にしたいと思いました。」

つづいて、彦根市議会が主催する「子ども議会」でも発言の機会をいただきました。子ども議会で、被爆アオギリを「彦根市の平和のシンボル」として植樹することを提案しました。多くの人に被爆アオギリを通して、平和の大切さ、命の尊さを伝え、考えるきっかけにしてもらいたいと議場から発信したところ、植樹場所や時期について前向きに検討するという答弁を得ました。

さらにその後、全校集会の一つである「友だちみつめよう集会」（若葉小学校でとりくむ人権週間の行事）で二年間被爆アオギリのお世話をし、この一年間被爆アオギリの発信をしてきた集大成として、最も重要な発信先の相手である全校児童への発信を行いました。

当初から、「被爆アオギリ」最後の発信と位置付けて子どもたちはこの集会を取り組みました。樹グループ、歴史グループ、思いグループの三組に分かれて計画から準備をしました。何を伝えたいのか、どうすれば効果的に伝わるのか、話し合いだけで何時間もの時間を費やしました。それだけ子どもたちにとって、思いも大きく、大切にしたい発信でした。一言一句、これでよいのかと原稿やシナリオを推敲《すいこう》しました。本番は、六年生五五名全員で全校に被爆アオギリの発信を行うことができました。見ていた全校の子どもたちからも、「被爆アオギリ」を受け継ぐと、確かな声があがってきました。

さらにベトナムでも被爆アオギリを育ててもらっています。ドクさんが若葉小学校にやってきた時に、若葉小学校には学校の分しか苗木がありませんでした。そこで、大津市でアオギリを広げる活動をされている方に被爆アオギリ二世の苗木をいただき、

被爆アオギリを囲むドクさんたち

ベトナムに持って帰ってもらいました。

ベトナムのツーズー病院で育ててもらっています。若葉小学校の子どもたちは、ドクさんと一緒に平和について考え、平和の樹を育てるという活動を始めました。しかもドクさんと同じ被爆アオギリを育てているという思いが、この活動を続ける力の一つになっていると思います。一五センチメートル程度の苗木でしたが、ドクさんのお子さんとともに写る被爆アオギリ二世（上の写真の矢印）はたくさん葉をつけていました。ベトナムでも元気に育っていることを子どもたちと喜びあいました。

子どもも教師も戦争を経験していませ

ん。今の小学生にとって戦争は身近なものではありません。まして、「被爆」というものに実感がない中では、語り部の話や資料から想像して考えていくことが中心になります。相手の気持ちや思いに寄り添って話を聞くこと、その時代背景の様子や人々の苦しみ、悲しみを想像しながら、自分たちの生活に置き換えていくことで若葉小学校の児童は平和への思いを育んできました。

また、被爆アオギリを通して、多くの人々と出会い、つながりを広げ、深めることができたと感じています。種を送ってくださった鳥取ピースクロスの皆さん、一緒に種をまいたベトナムのドクさん、福島原発避難でやってきたA君、彦根市内の園児との交流、ゲストティーチャーや被爆アオギリに関わり続けた人々との出会い、様々な人の思いや願い、生き方にふれることで自分と周りの人との関わりを見つめ直すことができました。

いろいろな場で発表の機会が与えられて、生徒たちはその都度、自信を持って発表できるようになりました。今後の歩みにも期待しています。

転勤後、久しぶりに若葉小学校を訪れたら、ドクさんたちと種を植えた被爆アオギリ二世は二メートルを超えていました。天に向かって真っすぐ上に幹を伸ばしていいま

2016年秋、若葉小学校の被爆アオギリ

す。きっと代々受け継がれ育てられていくことと思います。何年かして花を咲かせ実をつけると、彦根市で育った被爆アオギリ二世の種子から三世が育つこととなるでしょう。樹木のことですから息の長い取り組みになります。しかし、平和な世界を望む思いは息が長いほどいいと私は思います。

被爆アオギリ二世の近くには被爆桜二世が植えられています。どちらも細く弱々しい幼木です。子どもたちは登校したらすぐに自分の樹に水やりをして、残ったらこの二本に水を分けてくれています。私たちは水やりをしている間だけでも、「被爆」という言葉に触れ、戦争を、そして核兵器を憎む子どもたちに育ってくれると信じています。ドクさんと一緒に種まきをした子どもたちは若葉小学校を卒業し、今は高校生になっています。ドクさんと出会った子どもは今年の六年生だけになってしまいました。それでもこの取り組みが今も続けられていることを、元気に育つ二本の樹が教えてくれます。

「笑顔のプレゼント」を使った授業を実際に行ったのは二〇〇九年七月一日、被爆桜二世の苗木が贈られた約一か月後のことでした。苗木を見ながら、今後の展開を想定して教材化しました。教材が提示されて「笑顔のプレゼント」を読み深める子どもたちは、当時の安田女子中学・高等学校の関係者の方々に思いを馳せていたと感じました。樹医さんに逐次ご指導いただきながら、落葉を待ちました。

同じ年の一〇月一六日、学習参観を設定して定植を行いました。定植場所におおきな穴を掘り、その中に児童全員が土を入れ、被爆桜二世の苗木を定植しました。被爆桜を囲んで、代表の児童が「僕たちは、広島の学校から被爆桜だけではなく、平和を願う気持ちもいただきました」と発表しました。

私たちにはこんな夢があります。彦根市内の幼稚園や保育園の子どもたちが、毎朝「アオギリさん、おはようございます」といって登園してきます。当番の子どもが被爆アオギリに水をやります。「元気に育ってください。」そう言って育った子どもたちが小学校に入学し、高学年になって被爆アオギリの意味を学習するのです。「幼稚園の時、『アオギリさん』ってあいさつしてたけど、そんな意味があったのか。」そして小学校の校庭にも植えられてある被爆アオギリを新しい気持ちで見るようになる。同じように中学校に行っても被爆アオギリの樹が平和の樹として育てられているという彦根になればいいなと思っています。

※被爆アオギリの苗をご希望の方へ（広島市のホームページに以下の内容の記事が出ています。）

(1)平和記念資料館での配付（三～六月と九～一一月に実施）

・修学旅行で広島を訪れた学校に配付しています。（希望学校のみ）

・受付及び配付は、「平和記念資料館総合案内」で行っています。

(2)その他の配付（臨時実施）

・平和の尊さを伝えるために意義があると認められるものについて、苗木配付基準により配付しています。

・詳しくは、「都市整備局　緑化推進部　緑政課　花と緑の施策係」までお問い合わせ下さい。

※種を手に入れられた方へ

若葉小学校で発芽させてみましたが、種子の殻が固いため、そのままでは難しかったです。サンドペーパーで少し傷をつけてやり、脱脂綿のようなものにのせ、乾かない程度に水を与えます。やり過ぎると腐ってしまいます。発芽温度は二〇度前後なので、少し温かくなった頃を見計らって始められるとよいでしょう。一か月から三か月くらいの間で発芽が始まります。細かい根が出たら、ポットなどに植え替えてやってください。

亜熱帯から熱帯に育つ樹木ですが、比較的寒さにも強いです。以前彦根市のある小学校の先生が、「校長先生、被爆アオギリが全部葉を落としてしまいました。枯れたと思われます。」それを聞いた校長先生が「それは大変だ」といって私に連絡をくださったことがありました。

「安心してください。落葉樹です。」冬は完全に葉を落とし、苗木の時は、枯れ枝を突き刺したような趣です。

夏の暑い日、朝夕被爆アオギリの子や孫に水をやっていると本当に幸せな気持ちになります。多くの方々に被爆樹を育てていただけることを願っています。

2 ウルトラマンシリーズと憲法、平和――鳥居本中学校での実践

次は彦根市立鳥居本中学校の取り組みです。『ウルトラマン』を使った平和教育を二つ紹介します。

『ウルトラマン』は今も根強い人気があります。単に勧善懲悪ものにとどまらず、怪獣に社会の矛盾を投影して作品が作られていたところにその秘密があるといわれています。たとえば、『ウルトラマン』放送当時は、年間八〇件を超える核実験が行われていました。『ウルトラマン』第二話「侵略者を撃て」（一九六六年七月二四日放送）では、行き過ぎた核実験のためにバルタン星自体が爆発してなくなってしまい、

戻る星をなくしたバルタン星人が地球にやってきたという設定で話が進みます。核実験への警鐘といえるでしょう。

『ウルトラマン』が作られていた頃、国内では高度経済成長の時期であり、学生運動が活発な時代でした。脚本を手がけた金城《きんじょう》哲夫さん、上原正三さんにとっては、沖縄返還問題、そして海外に目を向ければベトナム戦争が泥沼になってくる頃です。特に、沖縄出身の二人にとっては、嘉手納基地から、毎日ベトナムに向けて飛んでいく戦闘機を見れば、世の中の矛盾を感じずにはいられなかったでしょうし、その思いを作品に反映させないわけがありません。ＮＨＫ制作の『わたしの愛したウルトラセブン』（ＮＨＫ制作、一九九三年二月放送、市川森一脚本、佐藤幹夫演出）でこれらのことが触れられています。

他にも米ソ宇宙開発競争への批判や、環境問題、マイノリティーへの差別問題、そしてベースとなるベトナム戦争がウルトラマン対怪獣の戦いの裏で表現されているのです。

(1)『ウルトラマン』で憲法解釈

『ウルトラマン』には、ウルトラマンに変身するハヤタ隊員が所属する科学特捜隊が活躍します。この科学特捜隊はフランスのパリに本部を置く国際組織で、ハヤタたちの所属は極東支部という位置づけになっています。ジェットビートルという戦闘機を持ち、光線銃が備えられていますから、怪獣が出現すると縦横に光線やミサイルを発射します。時には核兵器としか考えられない武器も登場します。

次のように授業が始められます。(Tは教師、Sは生徒です)

T:憲法の三大理念はどんなものがありましたか。

S:国民主権、戦争放棄、基本的人権の尊重。

T:その中で、今日は日本国憲法の九条の戦争放棄について学習します。

(条文を読む)

ところが、先生は日本の国内で武力の行使をしているビデオを極秘に手に入れたので、みんなに見てもらいます。

（ジェットビートルから怪獣に向かって光線を撃っているシーンを流す。『ウルトラマン』第三五話「怪獣墓場」シーボーズに対しての攻撃場面。無抵抗のシーボーズに対して厳しい攻撃をする）

S：なんや、ウルトラマンや。相手は怪獣やん。

T：いやいや、相手が誰であろうと、武力を行使していることには違いないでしょう。

　というところから、憲法九条に戻ります。生徒たちは、違憲、合憲の立場に分かれて意見を発表します。クラスによって、違憲派が多かったり、合憲派が多かったりします。二〇一六年の鳥居本中学校では拮抗しました。もちろん決め手は「国際紛争を解決する手段」であるかどうかです。「国際紛争ではないから武力の行使は合憲である」という目的限定説と、「あらゆる武力を放棄したのだから、本来武力があること自体がおかしい」という全面否定説に、半々くらいに分かれて議論をしました。最終的に合憲派の、「僕は、この怪獣と話し合いをするのが無理だと思うから、武力の行使は仕方ないと思います」というかわいらしい発言に教室内が笑いに包まれ、結論を保留のまま次に進みました。

T：ではこの場合はどうだろう。（『ウルトラマン』第三三話「禁じられた言葉」の一場面、山中から謎の電波をキャッチした科学特捜隊が出動。円盤を発見し、光線を撃つ場面が流れる）

さっきと違って、今度は謎の円盤に対しての攻撃です。

S：これは、ダメでしょう。

T：どうして？

S：相手が人間かもしれない。ひょっとしたら国際紛争につながることかもしれない。

ということで、こちらの武力の行使については全員が違憲を表明し、意見をたたかわすことはできませんでした。少しビデオを進めると円盤の中が映り、相手がメフィラス星人であることがわかり、生徒たちからは笑い声が出てきました。同じように怪現象が起こり、国際組織である科学特捜隊が出動し武力を日本国内で行使している場面ですが、違った意見を持ちました。

現実にある自衛隊のことで学習すると、中には自分の考えをしっかり持っている生徒がいて、生徒同士で考えを深めることができるかもしれませんが、なかなか活発な意見で授業が進むことはありません。『ウルトラマン』の科学特捜隊なら、自由に発言できます。また空想の中での話ですから、どんな意見も受け入れられます。面白い意見がどんどん発展していき、先ほどの「この怪獣と話し合いをするのが無理」という実は大切な意見が飛び出してくるのです。

「話し合いが無理」という言葉に、確かに相手が怪獣で、怪獣と机をはさんで議論している姿を思い浮かべたら、中学生は素直に、「それは無理」となってしまいます。しかし、現実問題として、相手が人間であっても、話し合いによる解決が無理だから戦争に発展していくことを考えると、この生徒の意見は重要なポイントを指摘しているといえます。

授業者はこの発言を最後にとり上げ、戦争のきっかけについて生徒たちと確認しました。現在この地球上で行われている戦争はすべて「話し合いが無理」の結果のはずで、話し合いができたら戦争には至りません。ＥＳＤの考え方の中に、平和教育が入っているのは、「戦争こそ地球にとって持続不可能なもの」として位置づけているからで、今の子どもたちには戦争に至らないように話し合いで解決する力や方法を身につけてもらいたいものです。生徒の感想です。

「二つのビデオを見てウルトラマンの世界のように怪獣が来ることは絶対にないだろうけど、もし他の国との関係が悪化したり日本でテロが起きたとき、憲法に違反しないようにできるだけ武力を行使せず、話し合いによって解決できるような国にこれからなって欲しいと思いました。」

「今日はウルトラマンのビデオを見て違憲か合憲かを考えました。僕はいくら怪獣が襲ってきたとはいえ、ミサイルなどを使い、人が死ぬかもしれないのに撃つという行動は絶対にだめだと思います。何をするにも先のことをよく考え、最も安全な方法で戦争を無くしていきたいです。」

「僕はやはり日本はどんな形であっても平和は守らないといけないので、攻撃などはやってはいけないと思いました。一回でもやるとこの前もやったから、これくらいのこともいいだろうとどんどんひどくなってくると思うので、やっぱり攻撃はしてはいけないと思いました。」

「一回でもやると」という表現に、私は重いものを感じました。

（2）金城哲夫の生家を訪問

鳥居本中学校の修学旅行は沖縄へ出かけます。沖縄の南部戦跡巡りをし、民泊とマリン体験を行います。事前学習として沖縄戦についてビデオや図書で学び、現地での学習をより深いものとしています。

二〇一六年度の三年生はわずかに一五名しか在籍していません。そこでいつもの修学旅行とは違った平和学習を行うことを考えました。『ウルトラQ』『ウルトラマン』『ウルトラセブン』のメインライターであった金城哲夫さんの生家を訪問することです。

金城さんの生家は沖縄県の南部、陸軍病院壕《ごう》があった島尻郡南風原《はえばる》町にあります。那覇から少し東に位置し、沖縄で唯一、海に面していない自治体です。金城哲夫さんの生家は現在料理旅館「松風苑」として営業され、金城哲夫さんの書斎が亡くなられた時のまま残され、資料館として位置づけられています。大人七～八人が入れば一杯になる部屋が二部屋あります。鳥居本中学校三年生一五人が見学をさせていただくには十分ということで訪問させていただきました。

金城哲夫さんについては、NHKの『歴史秘話ヒストリア』第五〇回「ウルトラマンと沖縄」（二〇一〇年九月一五日放送）で学習をしました。

その中でウルトラマン誕生秘話として、三つのエピソードが紹介されました。

その1　メインライターであった金城哲夫が沖縄出身であったこと。当時アメリカ統治下であった沖縄から東京の高校へ進学した金城はパスポートを持って東京に来た。沖縄人、アメリカ人、日本人、三つのアイデンティティーの狭間《はざま》にいる。金城は作品の中に沖縄への思いを込めた。

その2　金城の故郷・沖縄はアメリカ軍によるベトナムへの出撃基地として用いられるようになっていた。こうした現実が「ウルトラシリーズ」に影を落とすようになり、一九六八（昭和四三）年、金城は異色の脚本「ノンマルトの使者」を書く。ヒーローが戦いに悩むこの作品には、金城自身の悩みが投影されているともいわれている。娯楽番組の中で果敢に己の想いを表現しようとした金城だが、やがて挫折し、東京を後にする（その3は『ウルトラマン』とは関係ないので割愛します）。

金城哲夫さんは、沖縄に戻ってからは海洋博の開閉会式の演出を担当されました。海洋博による開発が沖縄の第一次産業に影響を与え、そのことで沖縄の方々とよい関係が築けないまま、三七歳の時、不慮の事故で亡くなられます。

しばらく影の薄い存在でしたが、二〇一〇年金城哲夫生誕七〇周年を機に南風原町では郷土の偉人として顕彰を始めました。地元の小学校では生家である松風苑を校外学習の見学地とするようになりました。南風原町観光協会は、「南風原と聞いて一番イメージしてもらえる方法は、ウルトラマンの作家金城哲夫の出身地であるということと思う。だから、南風原の子どもたちにそのことを伝えたい」と話されていました。そんなこともあって鳥居本中学校も修学旅行の見学地として松風苑を訪問させていただいたというわけです。

金城哲夫さんの大きなテーマである「沖縄の矛盾」を感じさせるお話が『ウルトラセブン』第四二話「ノンマルトの使者」です。マルト（戦士）に打ち消しのノンをつけて、戦わない人を意味するノンマルトを登場させます。視聴者には、宇宙からやってきたノンマルトと人間の戦いに、一見、見えてしまうのですが、ストーリーは大きな仕掛けがあり、実はノンマルトこそ地球の先住民であり、人間こそが宇宙からの侵略者であったかも知れないというお話です。

第二次世界大戦後、沖縄の人々は土地を奪われ人権を侵害され、一日も早い「祖国」復帰を望まれました。佐藤栄作総理時に日本に復帰し、『ウルトラマン』的にいうと「侵略者」から解放された形であったのですが、よく考えてみると、日本も侵略者ではなかったのか（一六〇九年島津侵攻以来、島津藩、日本国が統治）ということを金城哲夫さんは「ノンマルトの使者」で表現しました。

「ノンマルトの使者」が放送されたのが、一九六八年七月二一日、沖縄が日本に返還されたのが一九七二年五月ですから、返還される四年前から、「日本が侵略者」というメッセージを送っていたことになります。

「ノンマルトの使者」では、ウルトラセブンに変身するモロボシダンが心の内でこんな台詞を言います。

「ノンマルト！　僕の故郷M78星雲では、地球人のことをノンマルトと呼んでいる。ノンマルトは人間のことである。それはどういう意味だろうか。人間でないノンマルトがいるというのか？」

そして、ノンマルトの海底都市を壊滅させた後に
「真市君の言った通り、もし人間が地球の侵略者だったとしたら、ウルトラ警備隊の一員として働く僕は、人間という侵略者の協力をしていることになる……だが、ノンマルトは本当に地球人だったのか?」

真市くんとは、何年か前に海洋事故で亡くなった少年が人間の姿を借りてノンマルトのことを伝えにきたという存在です。

悩むモロボシダンに対して、戦闘の指揮を執るキリヤマ隊長は次のように考えます。

「もし、宇宙人の侵略基地だとしたら、ほうっておくわけにはいかん……我々人間より先に地球人がいたなんて……そんなばかな……やっぱり攻撃だ」

そして潜水艦から海底都市を一斉攻撃し壊滅させます。作戦が終了し人間側の全面勝利に対して、キリヤマ隊長は狂気の表情を見せて、「ウルトラ警備隊全員に告ぐ！ノンマルトの海底基地は完全に粉砕した。我々の勝利だ！　海底も我々のものだ！」と叫ぶのです。印象的な場面です。キリヤマ隊長に対して嫌悪感を抱かせる演技をされています。そして海底基地を破壊するシーンは、今見ると中東で日々繰り返されている空爆に重なります。キリヤマ隊長のように冷静に判断できなくなった者が、ウル

沖縄情緒が漂う松風苑の門

トラセブンのような絶対的な力を保有するとどうなるかを私たちに語ってくれているように思います。

二〇一六年度の鳥居本中学校三年生は、修学旅行に先立ち、沖縄戦の学習を行い、その後『ウルトラマン』と金城哲夫さんについて学習しました。那覇から糸満を目指し、ひめゆりの塔、アンティラガマの見学。ガマでは現地の方に案内をしていただき、沖縄戦の様子を語っていただきました。平和祈念公園を見学し、平和の礎《いしじ》で集会を持ちました。

翌日、宿泊地であるうるま市から南風原に向かいました。松風苑は南

金城哲夫さんの書斎を見学

国の情緒ある門構えと金城哲夫さんの弟さんが我々を迎えてくださいました。哲夫さんの書斎をご案内いただき、哲夫さんを偲《しの》ぶお話をしていただきました。書斎には在りし日の哲夫さんの大きな写真とウルトラマンのポスター、そして直筆のシナリオ原稿などがあり、書架には亡くなられた時のまま哲夫さんが読まれていた図書が残されていました。

「夏になると大変暑い部屋です。この部屋で兄は原稿を書いていました」と、話されました。ベトナム戦争が激化していった頃はすでに東京暮らしをされていたので、この部屋でベトナムに向かう戦闘機の姿を見ることや爆音に悩まされたことはなかったでしょうが、東京で暮らされながら、沖縄に思いを寄せ『ウルトラマン』のストーリーに沖縄の心を託されたことと察します。

生徒たちはしばらく金城哲夫さんを偲び、松風苑を後にしました。帰りのバスでは金城哲夫さん作品の『ウルトラマン』をたっぷりと視聴しました。多くの場面で明るく演出され、金城さんの人柄を彷彿《ほうふつ》とさせます。時には立ち止まって考えたくなるような作品を見て、次の目的地に向かいました。『ウルトラマン』で平和学習をして訪問した初めての沖縄でした。作家の考えに踏み込む学習であったと感じています。

二〇〇四年からのＥＳＤの一〇年が終わり、現在は行動するＥＳＤが求められています。平和教育はその中心的な役割を求められているように私は考えています。

第6章　戦争法の時代にベトナム戦争に学ぶ意味

尾崎　望

私たちはこの本で、ベトナム戦争が人間に何をもたらしたのかについてお話ししてきました。一つは戦争が残した爪痕について述べました。そして二つ目として、ベトナム戦争などを教材として未来に生きる子どもたちが平和を担う主体者として成長することを願って実践されている平和教育活動に焦点をあてました。若い読者の方にとっては、ベトナム戦争はなじみのないものかもしれません。終結後すでに四〇年もたった今、なぜベトナム戦争をとりあげたのか、それは今の時代背景と切り離せません。そのことから始めて、ベトナム戦争について大づかみに振り返っておきたいと思います。

1　戦争法がめざしていること

二〇一六年三月二九日に安保法制が施行されました。この法制によって日本は、日本国憲法制定以後七〇年にわたって堅持してきた「海外で戦争しない国」という憲法九条の立場を捨て去りました。

安保法制はまさに戦争法です。戦争法は一本の新法（国際平和支援法）と、従来から存在した周辺事態法や武力攻撃事態法など一〇本の現行法を改正した法律からなります。

国際平和支援法は国際的な対テロ戦争や侵略戦争に対し、国連安全保障理事会決議の何らかの決議があれば、自衛隊をいつでも、そして世界のどこにでも海外派遣できるようにすることを定めたものです。これまでアフガニスタン戦争（二〇〇一年～）やイラク戦争（二〇〇三年～二〇一一年）の場合など、日本の自衛隊が海外に派遣されたことはありました。それぞれ国会の場において激しい論戦を経て特別措置法をつくったうえでの派遣でした。それを今回の法律によって、事実上、政府の判断で海外派遣を可能としたものです。

次に、ＰＫＯ協力法の「改正」によって、国連ＰＫＯに派遣された自衛隊に求められる任務として、新たに「駆けつけ警護」と「安全確保活動」が加わりました。「駆けつけ警護」とは、他国の部隊が武装組織やデモ隊などとトラブルになった場合に、自衛隊が武器を持って駆けつけ支援することです。「安全確保活動」とは、いわゆる治安活動のことで、派遣された地域の安全や安定を維持するための活動です。ただこれは、テロリストや武装勢力の捜索や撃滅のための活動ですが、アメリカがアフガン・イラクで行った実績からは、民間人弾圧がつきものでした。

「改正」ＰＫＯ協力法では、武器使用の基準が拡大されています。これまで自衛隊が海外に派遣された場合の武器使用は、正当防衛や自衛隊員の救出の際に限定的に使用が認められていただけでした。今回の法律では「その業務を妨害する行為を排除するため」として、原則として任務の遂行においてはどのような場面でも武器使用が可能となったわけです。

一方、周辺事態法を改正した重要影響事態法は、国際平和支援法と違って「日本国とアメリカ合衆国との間の相互協力及び安全保障条約（以下「日米安保条約」という。）の効果的な運用に寄与することを中核とする重要影響事態に対処する」、平たく言えばアメリカが起こす戦争に自衛隊を参戦させるものです。国会の事前承認は緊急時は義務付けられておらず、政府が重要影響事態と判断しさえすれば、いつでもアメリカが起こす戦争に「後方支援」の名で参戦することが可能となったわけです。いわゆる兵站《へいたん》活動ですが戦闘に巻き込まれないという保障など全くない、危険極まりないものであることは、これまで日本の自衛隊がイラクなどに派遣された際に勃発した事実が如実に物語っています。さらに従来の周辺事態に規定されていた日本の周辺地域という地理的限定も撤廃されていて、世界のどこであれ自衛隊が出撃可能とされています。

そして、戦争法の本質は集団的自衛権の行使を承認したということにあります。武力攻撃事態法、自衛隊法などの「改正」により、自衛隊が武力行使することができる場合を、日本への武力攻撃が発生した時だけでなく、「日本と密接な関係にある他国への武力攻撃が発生し、これにより、わが国の存続が脅かされ、国民の権利が根底から覆される明白な危険がある事態」においては、日本の自衛とは無関係に「密接な関係にある国」＝アメリカとともに戦争をする道を開いてしまいました。これは、武力による威嚇やその行使を国際紛争解決の手段としては放棄した日本国憲法九条に明らかに反するものといわなければなりません。

日本国憲法は九条において「国権の発動たる戦争と、武力による威嚇又は武力の行使は、国際紛争を解決する手段としては、永久にこれを放棄する」、「陸海空軍その他の戦力は、これを保持しない」と規定しています。ここには自衛権については触れられていませんが、憲法制定以後の世界情勢の動きを反映して、政府は従来から国民の安全財産を守るうえでの自衛権と、そのための「必要最小限度の実力」の保持を認める立場をとっています。一九五〇年、日本を占領していたアメリカのマッカーサー元帥の指示で警察予備隊がつくられ、それが二年後に保安隊、四年後に自衛隊へと再編・強化されたことを受けたものです。

しかしあくまで他国からの日本への侵略に対する自衛のための武力のみが許容されているだけで、集団的自衛権の名による海外への派兵はこれまで政府は一切禁じてきました。その理由は集団的自衛権の行使が明らかに憲法違反だからです。ところが今回の戦争法成立によって、日本が戦前のように再び海外で戦争をする国になるという極めて危険な方向に一歩を踏み出してしまった、そのことをまず確認しておきたいと思います。

さて戦争法の時代を迎えて、いま一度、ベトナム戦争に学ぶ必要を強く感じます。それは私たちがこれからの日本と世界の在り方、とりわけ平和について考えるうえで多くの示唆を与えてくれているからです。

2　ベトナム戦争までの歴史

ベトナム戦争の話にうつりましょう。はじめに、本書を理解していただくうえで必要最低限の範囲でベトナムの歴史についてお話しします。ベトナムの歴史は大国に翻《ほん》弄《ろう》されてきた歴史です。ベトナムは一〇世紀以降ほぼ一〇〇〇年にわたって、たび重なる中国からの圧迫を受け続けながらも独立を維持してきましたが、一九世紀後半になり帝国主義列強の植民地主義競争の流れの中で、ラオス、カンボジアと一体的にフランスの植民地支配下に置かれます。フランスの植民地支配はベトナム人の中に否が応でも民族的な結合を求めることになり、二〇世紀の初頭、ファン・ボイ・チャウのドンズー（東遊）運動、ファン・チュー・チンの維新運動など、民族運動の近代化を志向する運動が起こってきました。ただ、いずれもフランスによって弾圧されます。

第一次世界大戦が終結したころ、フランスはインドシナへの投資を拡大し、北部の鉱業、中南部のゴムプランテーション、南部の米作が急激に発展し、それによって労働者階級やサイゴンの地主、精米・輸出業者などのブルジョアジー、さらに知識人層が生み出されていきます。この社会変容を背景に労働運動や革命運動が展開され、一九二五年には「ベトナム建国の父」といわれるホー・チ・ミンによって青年革命同志会が結成され、これを母体に一九三〇年にはベトナム共産党が結成されました。

一九四〇年に日本軍がインドシナに進駐すると、ホー・チ・ミンに率いられた人々は、四一年にベトミン（ベトナム独立同盟会）を結成して日仏の二重支配に抵抗しました。一九四五年には大飢饉《ききん》が発生しました。加えて、日本軍の食料強制調達もあり、北部で二〇〇万人が餓死するという悲惨な出来事に至りました。これを機にベトミンは日本軍からのコメ奪還を叫んで急速に勢力を伸張しました。

一九四五年八月一五日、日本軍は連合軍に降伏し、九月二日にベトナム民主共和国の独立宣言がホー・チ・ミンによって朗読されました。ところがフランスはこの独立を認めず、一九四五年には南部に、翌四六年には北部に侵攻します。これが第一次インドシナ戦争、ベトナムにとっては抗仏戦争の始まりです。

フランス軍は激しいベトナム人民の抵抗にあって、戦争は膠着《こうちゃく》化し、アメリカからの大量の軍事援助にもかかわらず、五四年にディエンビエンフーにて大敗して撤退に追い込まれました。戦争の帰結は同年のジュネーブ会議にゆだねられます。この会議は旧ソ連、アメリカ、イギリス、フランス、中国と現地ベトナムの代表などで構成される大国主導の会議で、その到達は〝ベトナムは北緯一七度線を境に北を民主共和国、南をバオダイ帝のベトナム国（フランスが樹立）の統治に委ね、二年後に統一選挙が施行される〟というものでした。

ベトナム民主共和国にとっては、確実に選挙の実施が保障されるわけでもなく、しかもベトミンの支配地域は国土の四分の三に広がっていたにもかかわらず、国土が二分されて北緯一七度線で軍事境界を設定されるという極めて不本意な妥協でした。しかしアメリカ、旧ソ連、中国など大国の思惑が優先する下で、小国のベトナム民主共和国は受け入れざるを得ませんでした。

3　ベトナム戦争の経過

その後の事態はジュネーブ会議の決定通りには進みませんでした。南ベトナムでは翌五五年にバオダイ帝を廃してベトナム共和国初代大統領に就任したゴ・ディン・ジェムが、アメリカの軍事経済援助を背景に、南北分割の恒久化を図って民主共和国と対立します。アメリカから見れば、南ベトナムにゴ・ディン・ジェム政権が誕生して、安定した統治を行うことで北ベトナムや中国などの共産主義勢力に対応する砦《とりで》ができ、歓迎すべきものとなるはずでした。当初アメリカはゴ・ディン・ジェム政権に南ベトナムの統治を任せる方針で、自身は軍事的、経済的支援をするという立場でしたが、ジェム政権の執政は独裁と圧政でアメリカの期待外れに終わります。ベトミンのみならず体制を批判したものすべてに弾圧を加え、一九六〇年までに八〇万人が投獄されて拷問を受け、九万人が命を失い一九万人が障がい者になったと報告されています。

またベトミンの土地改革でいったん土地を手にしていた農民から再度土地を取り上げるなどしたため、農民からも大きな反発がありました。

こうした中で一九六〇年一二月、南ベトナム独自の民族統一戦線として南ベトナム解放民族戦線が結成されます。民族戦線は主にゲリラ戦を用いていましたが、南ベトナム政府軍の対応は全く不十分でした。さらに北ベトナムからの支援部隊の勢力も急激に拡大していきます。こうした状況に及んでアメリカは軍事援助を強化し、軍事顧問と援助を拡大しましたが、まだこの時点では戦闘部隊の派遣は行いませんでした。

しかしその後もアメリカの軍事顧問団が指揮するサイゴン軍が敗れるに至り、軍事援助の有効性の限界が明らかとなり、それ以後はアメリカの戦争という形にエスカレートしていきました。南部で見いだせない解決を、北ベトナムをたたくことに求める戦略であり、また南ベトナムへのアメリカ軍戦闘部隊の大量投入に踏み切ります。

北ベトナム爆撃開始の口実となったのはトンキン湾事件でした。これはアメリカが軍事介入を決める重要な画期ですので少し詳しく紹介します。一九六四年八月二日、北ベトナム沿岸を偵察パトロール中であったアメリカ軍駆逐艦マドックスが北ベトナム魚雷艇から攻撃を受けます。この魚雷艇はアメリカ機の攻撃で撃沈されます。

その二日後の八月四日、偵察を続けるマドックスが再び北ベトナム軍から攻撃を受けたとの連絡が入ります。同夜大統領ジョンソンは「アメリカ軍に対する度重なる暴力行為には……積極的報復をもってこたえ」ねばならないというテレビ演説を行います。そして上下両院は、「最高司令官としての大統領が……これ以上の侵略を阻止するためにあらゆる必要な措置をとるとの決定を承認・支持する」という「トンキン湾決議」を採択します。

この白紙委任状をもって、アメリカはベトナムへの直接軍事行動へと突入していきました。しかしその四年後の一九六八年にアメリカ議会上院外交委員会は、「その日に北ベトナム側が米艦船を攻撃したと信ずべき確証は何一つ出てこなかった。報復攻撃に根拠がなかった」と結論を出しました。攻撃開始の根拠となった事態は虚偽のものであったことがアメリカ自身の手で判明したのです。

アメリカは南ベトナム政府への人々の抵抗、その内戦状態を北ベトナムとの戦争だとし、南ベトナムとの『集団的自衛権』行使を主張して介入しました。しかし、ここまでのところでおわかりのように、その主張は史実に反しています。事実は、アメリカが都合のいい事態を捏造《ねつぞう》して戦争を始めたということでした。集団的自衛権とは、自国防衛ではない「他衛」です。他国の戦争に介入する論理、口実としてそれが使われる危険をはらむものです。そこにはトンキン湾事件のような捏造も含まれる場合もあるでしょう。日本が、安保法制によってその集団的自衛権の行使について法制化したことはそうした危険をはらんだものであることを見ておかなくてはなりません。

さて、一九六三年にジェム政権は軍部のクーデターによって倒されます。アメリカは反共の橋頭堡《きょうとうほ》としての南ベトナムに直接的に大量介入を図る方針を採り、翌六四年のトンキン湾事件を口実に北ベトナムへの爆撃（北爆）を開始したことは先ほど書いた通りです。韓国軍の支援も受けたアメリカの全面的介入と、南ベトナム解放民族戦線、それを支援する北ベトナム軍、また不協和音を有しつつも北ベトナムを支援する中国と旧ソ連のかかわりもあり、戦争は泥沼化していきます。

この流れを大きく変えるきっかけとなったのが一九六八年におきたテト攻勢です。ベトナム共産党（当時は労働党）は、都市に対する軍事的な総攻撃と都市住民の総蜂起を結合してサイゴン政権を一挙に崩壊に追い込み、アメリカの侵略の意図を砕くという作戦を立てます。そしてベトナム最大の祝日である旧正月＝テトに照準を定めてサイゴン、フエなど南ベトナム主要都市に一斉攻撃を行いました。これがテト攻勢と呼ばれるものです。

結果はアメリカ軍やサイゴン軍に阻まれて、フエを三週間確保した以外には、都市を制圧することはできず、多くの戦死者を出すというものになりました。戦力の面では解放勢力の被害のほうが甚大でした。しかしそれ以上にアメリカのこうむった影響は少なくありませんでした。ベトナム戦争に否定的なアメリカ世論が動き始めます。

一九六八年に戦争終結に向けてのパリ会談が開始されます。会談はなかなか進展を見せず激しい戦闘は継続していましたが、最終的にアメリカ議会の強硬な停戦姿勢もあって、一九七三年一月「ベトナムにおける戦争の終結及び平和の回復に関する協定」いわゆるパリ協定がまとまります。

パリ協定が調印されアメリカ軍が撤退したのち、時の南ベトナム政権を担っていたグエン・バン・チューは、パリ協定が定めた民族和解・和合の促進の方針に反して、解放勢力の支配地域に攻撃を加えて、革命政府をできる限り辺境的存在に追い込み、南における唯一の正当な政府を確保することを目指します。

調印当初は一一〇万人の兵力とアメリカから供与されていた近代的軍事装備を有するサイゴン政府軍が圧倒的に有利でしたが、それにもかかわらず、革命軍が政府軍を追い詰める戦果を挙げていく中で、労働党政治局は一九七五年中にサイゴン政権に対して戦略的打撃を与える方針をとります。そして中部高原を解放し、雪崩を打ったように南下を続け、ついに一九七五年四月三〇日、革命軍がサイゴン政権の大統領官邸に突入し戦争が終結をむかえました。サイゴン政権は陥落し、南ベトナム臨時革命政府が南ベトナムの主権を握ります。翌一九七六年の統一選挙によって南北両国家は再統一され、ベトナム社会主義共和国が生まれました。

4　それぞれの国にとってのベトナム戦争——アメリカの場合

アメリカは、ベトナムがフランスと戦った第一次ベトナム戦争においてフランスの戦費の多くを負担するなどの形で軍事的に支援しましたが、直接的に介入を行ったのは一九六五年から一九七三年にかけての八年間で、この間に五万人を超えるアメリカ兵が戦場で命を失い一二〇〇億ドルものお金が投入されました。ここまでの犠牲を払ってまで、なぜアメリカはベトナム戦争をしたのでしょうか？　もともとアメリカにとってベトナムは、近隣中南米諸国と異なって権益が存在する地域ではなく、またアメリカは「旧世界」ヨーロッパ諸国のような植民地支配には、本来否定的な立場をとっていたにもかかわらずにです。

つまるところアメリカの思惑は、ベトナムを植民地支配して、そこから利益を上げることではなく、共産主義の蔓延《まんえん》を防ぐという世界戦略からの帰結でした。当時のアメリカにとっての最大の関心事は中華人民共和国の成立（一九四九年）でした。中国の支援を受けてベトナムにも共産主義国家が誕生することは、東南アジア一帯が共産主義化していく可能性が極めて高くなり（「ドミノ理論」と呼ばれました）、それを何としても阻止したい……、それが本質でした。

しかし先ほど述べたテト攻勢をはじめとしてベトナムの思うに任せぬ戦況は、アメリカに対して解放戦線より大きな衝撃をもたらしました。おりしも黒人公民権運動とも結びついて反戦運動が活発になっており、テレビやマスコミは、戦争の膠着《こうちゃく》と、アメリカ軍とサイゴン軍兵士が行った残虐行為を報道し、ベトナム戦争への批判が高まっていきます。勝ち目のない戦争にアメリカの若者の命をこれ以上捧げるべきではないという世論が盛り上がっていきます。さらには戦費の増大は支配者層の間にも戦争への懐疑や反対を醸成していきました。

これらを背景としてベトナム戦争からの撤退、パリ協定へと至ります。結局アメリカは「自由主義陣営の守り手」の役割を発揮することにはなりませんでした。アメリカにとってのベトナム戦争とはいったい何であったのか。そもそも覇権主義自体のあやまりを認めるのか、反対にもっと徹底して戦うべきだったのか、ベトナムの失敗についての様々な見解があります。しかしそれ以後のアメリカの外交姿勢からは覇権主義への反省は見られません。

5　それぞれの国にとってのベトナム戦争——日本の場合

この戦争では、日本が極めて重要な役割を果たしました。まず在日米軍基地の存在をはじめとした直接の軍事的かかわりです。輸送船によってアメリカなどから輸送されてきた米軍機のジェット燃料は、国鉄（現ＪＲ）を使って米軍補給中継基地に移送され保管されました。ベトナム戦争において航空母艦からの艦載機による爆撃、沿岸封鎖、艦砲射撃などを行った第七艦隊の基地は日本でした。故障した艦船の修理は、佐世保や横須賀、岩国の基地で行われました。第七艦隊に所属する原子力潜水艦も頻繁に日本に立ち寄りました。

沖縄（当時はアメリカの施政権下にありました）のかかわりは多大なものでした。嘉手納空軍基地からはＢ52戦略爆撃機が北爆に出撃していきました。グアムから北爆に出撃するＢ52の燃料を太平洋上で補給するための空中給油機が嘉手納基地に配備されました。

沖縄はアメリカ兵の対ゲリラ戦訓練場であり、海兵隊はそこでベトナムを想定した訓練を経てから地上戦闘部隊として南ベトナムに向けて派遣されました。太平洋統合軍最高司令官シャープ提督をして、「沖縄なくしてわれわれはベトナム戦争をやっていけない」とまで言わしめています。

ベトナム派兵アメリカ兵の任期は一年が基本でしたが、その間に数日間の休暇をとることが認められており、日本もその休養地に指定されていました。東京、横浜、熱海などにはそのためのホテルが数十軒ありました。またこの戦争でアメリカ兵の死者は五万六〇〇〇人、負傷者は三〇万人以上に上るという集計がありますが、遺体の運搬、傷病兵の治療においても日本は大きな役割を果たしています。関東を中心に米軍基地内に野戦病院が多数建設あるいは増床され、こうした対応にあたりました。日本人の医師、看護師、検査技師、雑役などが勤務し、日本の医薬品会社から多種多様な薬品、医療機器が納入されています。

こうして日本は、アメリカの戦争遂行に多大な貢献をしました。武器・兵器の修理、負傷兵の治療、兵士の休養、軍隊に必要な物品の調達など多様な後方支援を行い、アメリカの戦争遂行を強力に支援する一方で、日本の高度経済成長を支えてきたことも見逃せません。

今の情勢に照らして考えてみると、戦争法を強行した今、海外に派遣され「後方支援」に携わる自衛隊員の命は誰も保障できません。さらに、二〇一五年四月、日米両政府は日米防衛協力のための指針＝新ガイドラインを結びましたが、これは戦争法の背景をなすもので、「日米両政府は、支援を行うため、中央政府及び地方公共団体の機関が有する権能及び能力並びに民間が有する能力を適切に活用する」と明記されています。おそらく有事の際には民間の航空会社、空港、民間船舶や港湾、そしてそこで働く人たちが動員されることになるのは間違いないと思われます。

6　それぞれの国にとってのベトナム戦争――韓国の場合

先にも少し触れましたが、アメリカはみずからの戦闘部隊の投入と合わせて、国際的孤立を避けるために同盟国に参戦を働きかけました。実際に派兵したのはアメリカが基地を保有しているオーストラリア、ニュージーランド、韓国、台湾、タイ、フィリピンなどの国々でしたが、そのなかでも韓国の役割は突出していました。当時、クーデター続きで政情は安定せず、経済的にも極めて厳しい状況にあった韓国が、南ベトナムに派兵した背景には特別の事情がありました。一つはアメリカからの強い要請です。アメリカは、朝鮮戦争において共産主義勢力に対峙《たいじ》して、アメリカ軍の指導の下に鍛えられていた韓国軍に大きな期待を抱いたといわれています。二つ目には韓国の政府や支配層にとっての必要性でした。一九六一年に李承晩《イスンマン》政権を軍事クーデターで打倒した朴正熙《パクチョンヒ》政権は、アメリカの経済援助と軍事援助が徐々に削減される方向が強まる中で、北朝鮮からの脅威に対抗する上で必要なアメリカからの援助継続を約束させるのと引き換えに、アメリカの派兵要請にこたえざるを得ませんでした。

ベトナム戦争への参戦によって韓国経済は復活を遂げます。アメリカから支払われた派遣将兵の給与の多くは韓国に送金されました。また安価な労働力にものをいわせて日本を押しのけ、軍服、ジャングルシューズ、韓国軍兵舎用の資材などの軍需物資を受注し、南ベトナムに大勢の労務者を派遣しています。同じころ日本と朴政権との間で日韓基本条約が締結されましたが（一九六五年）、この条約により日韓両国の国交が「正常化」され、日本は韓国に五億ドルの資金・借款を提供することが取り決められています。

一九六四年、当初の軍事協力の内容は、移動外科病院の医務要員一三〇名の派遣に始まり、それに続いて工兵部隊と医務支援団の派兵という後方支援でしたが、のちに朴政権は自国の安全保障に基づく集団的自衛権を行使するために戦闘部隊の派兵を決断します。翌一九六五年以降、戦闘部隊の青龍部隊、猛虎部隊、白馬部隊が派遣されました。韓国軍はベトナム中南部のゲリラ戦の激戦地に派遣され、激しい戦闘に加わる中で、現地住民への虐殺行為なども行ったと報告されています。

結局、一九七三年三月に撤収するまでに派兵された兵員数はアメリカに次いで多く、述べ三二万人、戦死者四八六七人、そして一万人以上の負傷者と数万人の枯葉剤被害者を出したといわれています。これだけ多くの犠牲を払って、しかも結果的には民族の統一と独立に対して逆行する戦争協力が集団的自衛権という名目で行われたのです。

そしてもう一つ忘れてはならないことがあります。それは、韓国の一青年の運動から始まったベトナム人への虐殺行為の発信と謝罪活動を進歩的マスメディアが取り上げ、すさまじい妨害を受けながらもそれに呼応して知識人、人権活動家、作家、医療者などが勇気をもって自らの意見を表明し、当時の額で一〇〇〇万円を超える謝罪の募金が集められたことです。自らの歴史を正視し目を背けないという点で学ぶべきことが多い韓国にとってのベトナム戦争といえます。

7　ベトナム戦争からくみ取るべき教訓

ベトナム戦争が私たちに残してくれている教訓は、四点にまとめられます。

一つは、アメリカは集団的自衛権を根拠にしてベトナムで戦争を始めたという事実です。大国による侵略にほかならないこの戦争が、集団的自衛権というまったくのこじつけで始まった、しかも捏造された事件を根拠に始まったということの重大性です。

歴史的に、集団的自衛権が行使された事態というものは、実はそれほど多くはありません。アメリカが始めたベトナム戦争以外には、旧ソ連軍によるチェコスロバキアへの侵攻やアフガニスタンへの軍事行動などいくつかの事例があげられますが、いずれも実態は大国による他国への侵略であって、侵略を受けた国を集団的に守る集団的自衛本来の内容とは程遠いものでした。大国の戦争開始の口実にすぎない、いかようにも拡大解釈されうるのが集団的自衛権の本性です。

二つ目はこの戦争において日本が果たした役割が、文字通り兵站《へいたん》活動に限定されていたという事実です。しかし戦争法を成立させた今日、日本がアメリカの戦争を支援することになれば、ベトナム戦争で果たした役割を大幅に超えて、実際に自衛隊員が戦闘に加わることになるわけです。

三つ目は、ベトナム戦争が残したきわめて大きな被害です。ベトナム戦争においては、核兵器こそ使用されませんでしたが大量の武器弾薬が使用されました。爆薬の総量は第二次世界大戦で使用された総量の二倍を超すと試算されています。そして枯葉剤の使用による生態系と人体への被害です。この点については第2章、第3章で述べた通りです。

四つ目に、ベトナム戦争は決して資本主義陣営と共産主義陣営の代理戦争ではなく、どちらの陣営が勝ったというものでもありませんでした。勝利したのはそこに暮らす国民でした。何より独立と平和を求めるベトナムの人々の抵抗が、アメリカ国内をはじめ国際世論を味方につけて、アメリカを撤退させるに至ったと見るべきです。

今日の時代を見ると、核戦争に発展する危機をはらむ大国同士の戦争は考えられません。特に二〇〇一年三月以降は対テロ戦争が焦点となりました。またアフリカや中東では内戦が激化しています。こうした戦闘ではベトナム戦争がそうであったようにゲリラ戦が中心となり、後方支援や兵站活動が最も標的となります。集団的自衛権の名のもとに、あるいはアメリカからの要請にこたえる形で派遣される自衛隊員の命の保障はありません。

こうした紛争の個々の局面において、何が正義か・誰が正しいのかを簡単に判断できないという問題もあります。ゲリラ組織をつぶすための攻撃が民間人を殺傷し、その家族がゲリラとなって新たなゲリラ戦が起こる、という悪循環を武力で抑えることは容易ではありません。日本に求められるのは、武力による解決への参加ではありません。憲法九条の立場を厳密に守り、それを最大限活用して平和的解決のリーダーシップを発揮することこそが最も重要なことでしょう。

エピローグ――「願う会」のこれまでと今後にもふれて

（1）なぜベトナムだったか

私（藤本）はこの三〇年余りベトナムにこだわり続け、留学を含め一〇〇回余りベトナムを訪ねています。

きっかけは、一九七九年、京都で全国障害者問題研究会（全障研）が開き、六〇〇〇人が参加した全国集会でした。私は京都教職員組合の人々とともに、この集会に向け半年ほど前から準備の裏方をやり、その中で「百年先の障がい者問題」を一晩話し合って、明け方に、戦争によって多くの人が障がい者となったベトナムを訪ねようということになりました。なぜベトナムかというと、以下の四点だったといえましょう。

①その場の参加者の多くは、私を含め「アメリカはベトナムから出て行け」という

反戦運動を経験していた。
②ベトナムは日本に近い東南アジア圏の発展途上国であり、発展途上国は世界の国々の中で多数を占めている。
③第二次世界大戦後のアメリカによる最大の侵略（一九六四〜七五年）の被害国であり、ダイオキシンを含む化学兵器・枯葉剤の被害が長期化している国である。同時にアメリカの侵略に勝利した国でもある。
④一九七五年に南北統一した独立国となり社会主義共和国をめざしている。
このベトナムの訪問は、京都ベトナム障がい児教育調査団として三〇人余りが参加、一週間でハノイ市、ホーチミン市の障がい児学校・病院を訪れました。私は年長者ということで団長になりましたが、急いで勉強したベトナム語でのあいさつは、発音が難しく通じませんでした（三〇年間一〇〇回訪問してもまだベトナム語を話すことはできず恥ずかしいです）。

この時の調査の成果の報告は、『障害児教育科学』一九八〇年春特別号、『暮らしと政治』一九八一年三月号、高野哲夫・藤本編『戦争と障害者——ベトナムからの証言』（一九八一年、青木書店）などに記されています。私たちがベトナムにいった一九七九年は、国連の「国際障害者年行動計画」が発表された直後であり、その第六〇項で次のように述べられています。

「障害者のうち多数の者は、戦争および他の形態の暴力の犠牲者であるという事実に想いをいたすなら、国際障害者年は、世界平和のための諸国民間の継続的で強い協力の必要性を強調するひとつの機会として、最適に利用され得るものである。」

少し具体的に、前記の『戦争と障害者』から一部を引用します。

「アメリカのベトナムにおける侵略戦争では米軍による千四百万トンの砲爆弾量(第二次大戦のそれが約八百万トンといわれているが)と七万八千三百五十立方メートルの化学剤でベトナムの自然を破壊し、二百万人を殺し、五百万人の障害者(人口の一〇パーセント)を生じせしめました。ホーチミン市の街角では、よく障害者を見かけました。

このような直接の戦争による障がい者の発生とともに、いまなお戦争は障がい者を生みつつあるといえましょう。

私たちがベトナムで最初の日に訪問したハノイ市の『母と子を守る病院』でこれを知ることができました。ここの医師の話によれば、『戦争と障害児・者の直接的因果関係はまだほんの一部にしか分かっていない』と前おきしつつ、『ある研究報告では、解放戦争に参加する中でアメリカの枯葉剤をかぶったベトナム人が結婚した場合、その子ども（九五六名中）に、無脳症、多指症など外形上明白な障害が発生する率は三・一四パーセント（他に未熟児が二・〇一パーセント）であるのにたいし、戦争に参加しなかったベトナム人の子ども（五九三名中）にこのような障害が発生する率は〇・二一パーセント（他に未熟児〇・一一パーセント）にすぎない』とのことです（中略）。

ベトナムではいまなお『戦争』が続いている、といえるのではないでしょうか。」二〇一六年春、京都に来られたホーチミン市平和村の元村長タン医師は、今、枯葉剤被害者は四〇〇万人いると話しました。「いまなお」の重みは厳しいものがあると思います。

（2）「願う会」の活動のあゆみ

「願う会」（ベトちゃん、ドクちゃんの発達を願う会）の活動をほそぼそとながら三一年間続けてきました。この会は、私が初めて、国の留学生（在外研究員）として一九八五年に三か月間ベトナムを訪ね、ホーチミン市のツーズー病院（南部の総合産婦人科病院）のなかにある平和村（旧東ドイツがベトナムに寄付した六か所の一つ。主として枯葉剤被害児を入所させている）で、当時四歳の結合双生児ベトとドクの特製車イスの作成をたのまれ、その作成と資金集めに福井県で発足しました。初代の事務局長は車イス生活で福井県三方町（現、若狭町）図書館司書をしていた河原正美氏で、その力に負うところが大きかったといえます。

その理念や方針は活動のなかでつくられていきました。

①「願う会」は寄付をつのり、お金を送るだけの活動でない、心と科学・技術を送る活動にとりくみました。具体的には、「ベトちゃんとドクちゃんだけでなく」ということで、ベトナムにそれまでなかった障がい児教育教員養成コース（ホーチミン市にある幼児教育師範学校内にハノイ師範大学ホーチミン分校として）をつくることに全面支援をしました。二年コースで主として現職教員を中心に、盲・ろう・知的障がいの三つのコースで、実習・卒論を課すというものです。この教師は日本からボランティアで約四〇人が協力しました。

②戦争の恐ろしさをともに学びあうことです。一九八五年一〇月、テレビ朝日系の「ニュースステーション」に出たベトとドクの主治医・フォン博士は、「ベトナム戦争でアメリカが使用した枯葉剤（ダイオキシンを含む）被害は、子、孫にまでおよぶ。しかしダイオキシン被害の問題は、近代工業が生んだ日本の問題である」と指摘しました。一九八〇年代後半、ダイオキシンが日本の生活物資に含まれていることの研究が進み、当時の厚生省が進めていた小型焼却炉がなくなり、一〇〇〇度以上の大型焼却炉がつくられたなど、法的に日本のダイオキシン対策が進んでいきました。

③本書の第4、5章で述べていますが、平和教育、人権教育を各地で推し進めるとともに、出版活動を進めました。

④ダイオキシン被害のベトナム現地調査をもとに、出版活動やテレビなどの報道にも積極的に協力し、被害の実態を日本で知らせていきました。

（3）今後の活動――新しいとりくみへ

「願う会」はこれまで三〇年余り、研究者や障害者の関係者が中心となって活動し

「オレンジ村」の建設予定地で

てきました。初めはベトとドクの支援、そしてツーズー病院の医療資材のための支援が中心でした。その後はベトとドクだけでなく日越障がい者教育セミナー(二〇一〇年)、障がい児教育教員養成コース創立の支援、尾崎望医師など全日本民主医療機関連合会の枯葉剤被害現地調査への同行・協力なども行いました。

二〇一〇年、ベトナム南部、ホーチミン市に新たな枯葉剤被害者のためのリハビリテーション施設「オレンジ村」をつくり四〇〇人の被害者を収容する計画が出され、同市の赤十字が中心となって、各国に合計五億円の支援を求めました。しかし二〇一五年に私たちが支援金を持っていったときは数百万円しか集まっておらず、同赤十字のタン医師はわれわれの全面的支援を求めて日本にも来られました。

そこで「オレンジ村」を支援すべく「願う会」も本格的な活動を行うための方針を話し合っています。「願う会」を発展的に解消してＮＰＯ法人化に向け事務局体制を整え、企業人（元ホンダカーズ和歌山の市卓雄氏）や外務省ＯＢ（脇田慶私氏）の人々など様々な方の参加を得ました。当面は「オレンジ村」設立に向けた、両国の若手スタッフも人材交流から始める予定です。

新たなとりくみと世代交代のなかで、日本からの第一歩を踏み出します。ベトナム戦争は終わっていないのです。

二〇一七年一月

藤本文朗

〔編著者〕
尾崎　望（おざき・のぞむ）
1954年生まれ。小児科医、京都民医連会長。京都大学医学部卒業。かどの三条こども診療所所長。専門は小児科地域医療。著書に『ベトナムの障害者にリハビリテーションを』（共著、文理閣、2006年）、『ベト・ドクが教えてくれたもの』（同前、クリエイツかもがわ、2009年）、『ベトとドクと日本の絆』（同前、新日本出版社、2010年）など。

藤本文朗（ふじもと・ぶんろう）
1935年京都府生まれ。京都大学大学院教育学研究科修士課程修了。教育学博士。滋賀大学名誉教授。「ベトちゃん、ドクちゃんの発達を願う会」代表。全国障害者問題研究会顧問。『障害児教育の義務制に関する教育臨床的研究』（多賀出版、1996年）、『働きざかり　男が介護するとき』（編著、文理閣、2003年）、『ベトとドクと日本の絆』（編著、新日本出版社、2010年）、『「小中一貫」で学校が消える』（編著、新日本出版社、2016年）など著作多数。

〔執筆者〕
グエン・ドク　ベトナム・ホーチミン市・ツーズー病院職員
福島知子　元吉備国際大学教員（社会福祉学）
山田　孝　彦根市立鳥居本中学校校長

ベト・ドクと考《かんが》える世界平和《せかいへいわ》——今《いま》あえて戦争《せんそう》と障《しょう》がい者《しゃ》について

2017年 2月25日　初　版

編著者　尾崎望、藤本文朗
発行者　田　所　　稔

郵便番号　151-0051　東京都渋谷区千駄ヶ谷4-25-6
発行所　株式会社　新日本出版社
電話　03（3423）8402（営業）
03（3423）9323（編集）
info@shinnihon-net.co.jp
www.shinnihon-net.co.jp
振替番号　00130-0-13681
印刷・製本　光陽メディア

落丁・乱丁がありましたらおとりかえいたします。

ISBN978-4-406-06125-4 C0036　Printed in Japan